NAGEL & KIMCHE

1. Auflage 2022

Satz: im Verlag Nagel & Kimche AG, Zürich
gesetzt aus der Adobe Garamond Pro
Umschlaggestaltung: JournalMedia GmbH, München
unter Verwendung eines Bildmotivs von
© Doris Quarella

Druck und Bindung: CPI Books GmbH

ISBN 978-3-312-01258-9

Printed in Germany

MIX
Papier aus verantwortungsvollen Quellen
FSC® C083411
FSC www.fsc.org

Margrit
Schriber

Das Abenteuer, eine Frau zu sein

Roman-Biographie

NAGEL & KIMCHE

Das Maschenwerk des Lebens
kennt keinen Abschluss.

Claude Simon 1913–2005

INHALT

DAS ABENTEUER, EINE FRAU ZU SEIN

Dolly, meine Freundin ist vor einer Woche gestorben. Ich wusste, dass sie an Covid erkrankt war, aber nicht, dass es so schlimm um sie steht. In der Zeitung ließ ich den Namen von Dolly Esquiero neben den bürgerlichen Namen in Klammern setzen. Die Leute der Umgebung, die Heimbewohner und ich, wir alle, die noch die Regionalzeitung lesen, haben Dolly nie unter einem anderen Namen gekannt.

Sie zählte siebzig Jahre.

Das ist doch kein Alter! Nicht für eine Frau wie Dolly, die unsere Tage mit ihrer Lebhaftigkeit, Frische, ihren Launen und kleinen Verrücktheiten in Aufruhr gebracht und erschüttert hat. Ohne sie sind unsere Tage gleichmäßig und trüb und grau.

Dolly wollte doch neunzig werden. Sie wollte den Duft vieler erregender Sommernächte einatmen und den Eisregen der Wintertage auf ihrer Haut prickeln spüren. Sie glaubte, sie würde noch zwei Jahrzehnte aus überschwänglicher Freude und Lust Herzklopfen bekommen. Für sie war der Tod ein Gerücht. Eines jener Ereignisse, das andere trifft. Doch dann waren es, wie man mir sagte, nur einige wenige Tage, die sie an Schläuchen dem Leben abtrotzen konnte.

Heute überließ mir das Heim die Hinterlassenschaft von Dolly. Ihre Bergsteigerausrüstung war nicht dabei. Aber ihr

Stock, die perlenbestickte Abendtasche, ihre fremdländischen Gewänder, der riesige, mit Federn und Blumen geschmückte Tüllhut, ihre Markenparfums und Schminkutensilien, ein Pfund Modeschmuck, ihr Seidennégligé und die flaumverzierten Pantoffeln. All die Dinge, die sie im Heim benutzen konnte, mit denen sie dort durch den Speisesaal flanierte. Ich habe über dem Plunder einer Sirene geweint und geweint, dann meine Nase geputzt und mit Armschüben das Zeug in Bananenkisten gerafft.

Als ich mich zur Tür wandte, habe ich einen Fotorahmen auf dem Nachttisch entdeckt. Ich bin zurückgekehrt und habe im fahlen Licht der zugezogenen Fensterladen das Bild betrachtet. Es zeigte das Mädchen, das vor Jahren eine Waffe auf mich gerichtet, aber nicht gut gezielt hatte. Dolly hat das Mädchen nie erwähnt. Vom Schuss habe ich ihr erzählt. Sie war entsetzt. Hat Vendetta geschworen und mich getröstet. Fünfzig Jahre später steht – zack – eine Fotografie von der Schützin auf ihrem Nachttisch.

Da ich Dolly nicht mehr nach ihrer Rolle in diesem Drama fragen kann, will ich Auslegeordnung machen. Ich muss wissen, was ich richtig und was ich falsch gemacht habe. Ob die Zeit uns verändert oder ob wir die Zeit verändern.

MILIEU

Ich bin in der Innerschweiz am Vierwaldstättersee am Fuß der Berge aufgewachsen. Als große Schwester eines jüngeren Bruders genoss ich einige herrliche Jahre lang seine Bewunderung und meine unumschränkte Herrschaft. Die Großmutter mütterlicherseits war eine Königin auf ihrem Begonienbalkon und hatte in der Stadt Luzern den Ruf einer Millionentante. Mein Großvater väterlicherseits war eine imposante und als ›Seher‹ gefürchtete Persönlichkeit. Vor ihm schlug man die Augen nieder und streifte die feuchten Hände an den Kleidern ab.

Daneben kannte ich nur die Nachbarn. Ihr Haus habe ich nie betreten. Es gehört sich nicht, fand mein Vater. Man besucht sich nicht und sitzt nicht auf fremden Sesseln. Man wischt die Schuhe am eigenen Teppich sauber.

Vor achtzig Jahren verbrachten die Leute am Sonntag ein bis zwei Stunden vor ihrem Haus. Für die Frauen war es der einzige Moment, den sie ohne Strickarbeit auf der Bank verbrachten. Sie saßen bloß da, wischten mit zuckenden Händen eine Rockfalte glatt oder schlangen sie ineinander, denn am Tag Gottes konnten sie diese nicht unter einer Küchenschürze verbergen. Die Spaziergänger wussten, das sind die Bewohner von diesem Haus. Man grüßte. Diese Ehrerweisung gab den Menschen jenseits und diesseits des Zauns ein gutes Gefühl. Sie wussten, welche Fragen sich schicken, welche verletzen und kannten den Moment, da sie sich zurückzuziehen hatten. Als alle Lücken an der Straße überbaut waren und Auswärtige ins Quartier zogen, verlor sich dieses Ritual. Die Fremden fielen einander um den Hals und saßen gegenseitig die Sesselbezüge dünn. Wir fühlten uns nicht mehr ins Dorf eingebunden.

»Es ist alles anders.«

Die Mädchen aus Ingenbohl-Brunnen hatten die Möglichkeit, die oberen Klassen im Institut Theresianum zu besuchen. Der erste Schultag war mein Abschied von der Kindheit. Es gab Kleidervorschriften. Meine Großmutter kaufte mir Büstenhalter, Hüftgürtel und Nylonstrümpfe. Schlagartig machte mich das zur Erwachsenen.

Ich hatte das Glück, auf die Lehrerin Schwester Maria Rita zu treffen, die meine Begabung fürs Schreiben bemerkte.

»Aus dir wird eine Schriftstellerin.«

Ihr Ausspruch war wegweisend. Aber, wie wird man eine Schriftstellerin? Zu Hause gab es keine Bücher, wir besaßen die Bibel und ein Doktorbuch in der Hoffnung, diese Bücher nie benützen zu müssen.

Wissen aus Büchern war in meinem Elternhaus kein Thema. Das Unerklärliche war ein Thema. Mein Vater war Wunderheiler und Seher. Mein Großvater war Wunderheiler und Seher. Es lag in ihrer Natur, mehr zu erspüren und zu erahnen als andere Leute.

Als ich gehen konnte, erkletterte ich den Sessel in Vaters Sprechzimmer und beobachtete das Zeremoniell des Handauflegens. Schmerzen verschwanden, Haustiere fanden nach Hause, Diebe brachten das Gestohlene zurück. Und bei geschlossenen Augen nannte mein Vater den Unglücksort auf dem Berg, wo ein lang vermisster Mensch zu finden war.

Unheimlich, ja. Was sollte aus mir werden?

Schwester Maria Rita sah in mir eine Fabuliererin. Ich sei zum Dichten begabt. Das hat mir eingeleuchtet. Das Schreiben von Aufsätzen fiel mir leicht. Da ich Fantasie und ein gutes Vorstellungsvermögen hatte, mochte ich auch das Zeichnen. Die Geschichtsstunde war mein Lieblingsfach. Unsere schauspielerisch begabte Lehrerin konnte die Entdeckungsreisen der Seefahrer so packend vermitteln, dass man eine Nadel hätte zu Boden fallen hören.

Sinnenhafte Eindrücke prägen sich mir ein.

Ich genoss die Stille des Studiensaals, wenn alle Mädchen ihren Kopf übers Pult neigten. Vor den Fenstern schwangen die Tannäste des Klosterwalds. Ich genoss es, in meinen Pantoffeln durch die langen Hallen zu däppeln. Auf und ab. Ein Geist ohne Gewicht und Gestalt. In der Dämmerung warfen fahle Lampen ihre schmalen Lichtkegel an die geriffelten Steinsäulen. Sie verwandelten diesen Ort zu einem Märchen. Es war zauberhaft, beinah unwirklich, wenn draußen auf dem Eisfeld Schwester Maria Luise einer Schülerin das Tanzen von Pirouetten beibrachte. Wenn sie auf ihren Kufen mit einem leichten Hüpfer wendete, öffnete sich ihr langer Faltenrock und schwang wie in Zeitlupe um ihren binsenschlanken Körper. Die zarte dunkle Figurine tänzelte so elegant in Schlaufen übers Eisfeld, dass ich das Lernen vergaß. Ich wünschte, diese Verzückung würde nie enden. Später fand dieses Bild, wie so viele andere zauberhafte Bilder, den Weg in ein Buch. Solche Erinnerungen sind Schmetterlinge aus einer vergangenen Zeit. Sie warten darauf, sich auf einer Buchseite niederzulassen.

»Gut! Ich werde eine Schriftstellerin.«
Ich schlug ein Schreibheft auf und setzte meinen Stift auf die Linie. Nach den ersten Worten blieb ich hängen. Wo fange ich an? Wie fahre ich fort? Ich stand vor einer Wand.

»Lese erst einmal!«, hat die Lehrerin geraten.

»Wir brauchen ein Tablar, Vater, um Bücher drauf zu stellen.«

»Welche Bücher, Kind? Unsere zwei Bücher haben überall Platz.«

»Ich möchte aber Romane. Ich will wissen, wie man sie schreibt.«

»Wozu musst du schreiben? Was bringt es dir und der Welt, wenn du Sätze kritzelst? Du hast einen Mund zum Reden. Augen zum Schauen, Ohren zum Zuhören und einen Kopf zum Denken. Vor allem hast du einen Verstand und ein Herz zum Entscheiden. Das ist alles, was du zum Leben brauchst.

Außerdem ist es so, dass ein langes, reiches, verzetteltes Leben nicht aufgeschrieben werden kann. Es fehlen die richtigen Worte und es gibt nicht genug Papier. Unsere Tage sind nicht zu begreifen, schon gar nicht zu erzählen.«

Mein Versprechen zu schreiben war nicht leicht einzulösen.

Vater lehrte mich, mein Bild von der Welt mithilfe der Sinne erfassen. Ich schauderte, als er von mir verlangte, den Wurm in die Hand zu nehmen, der sich vor meinen Füssen krümmte. Ich übersah den Käfer in den Borken des Baumes. Bemerkte die Schönheit eines Kirchenfensters, durch dessen Farbsplitter die Sonne leuchtete, nicht.

Seine Hartnäckigkeit, mir ein Gespür für die Umgebung beizubringen, war mein Glück. Auch das Milieu des Geheimnisvollen war mein Glück. Ich hing Rätseln nach, entwickelte Fantasie und lernte, in mich hineinzuhorchen. Dies hat mir meine Arbeit als Schriftstellerin erleichtert.

Nach der Scheidung der Eltern wuchsen mein Bruder und ich bei meiner Mutter auf. Als Geschiedene in einer katholischen Umgebung empfand sie sich als Makel. Sie schämte sich. Am liebsten wäre sie einfach verschwunden. Sie riet, uns zu ducken.

»Wir wollen nicht auffallen!«

Ihre Alimente reichten, um einmal in der Woche ein Kalbsplätzchen zu kaufen, das so dünn war, dass man hindurchschauen konnte. Doch für rasch wachsende Füße war das Kindergeld nicht berechnet.

»Ihr braucht alle Hühnerschiss größere Schuhe.«

Es reichte für die Schulreise, aber nicht für eine gemeinsame Dampfschifffahrt.

Mutter war ein Spargenie. Sie besaß ein Dutzend Briefumschläge zum Organisieren unserer Finanzen. Ein großes Wort für ein winziges Geldhäufchen. Auf einem Umschlag stand *Steuern,* auf einem zweiten stand *Krankenkasse,* auf dem nächsten *Kinderschuhe* und so weiter. Es fehlte ein Umschlag *Vergnügungen.* Vor allem fehlte *Für mich persönlich.* Wenn wir auf der Straße ein Zwanzigrappenstück fanden, kam es in den dünnsten aller Umschläge. Meine Mutter griff auf ihren früheren Beruf als Coiffeuse zurück.

»Ich wehre mich«, sagte sie zu Leuten, die sich nach ihrem Ergehen erkundigten.

Sie verlieh den Kindern im Dorf einen Bubikopf. Dies war Mode. Vor ihrer Heirat war sie eine Künstlerin der Brennschere. In ihren Salon traten zerrupfte Haushilfen. Nach der

Behandlung wandelten sie als Diven mit Barbara La Marr-Wellen hinaus.

»Ich war jemand. Früher.« Den Rest der Erinnerung verschluckte meine Mutter.

Ein Jahr nach der Scheidung frisierte sie nicht nur, sie verkaufte nebenbei Strickwolle. Ein ›Versuch‹ nannte sie das. Sie, die nicht stricken und noch weniger verkaufen konnte. Weder eine Ware noch ihr Handwerk, am wenigsten ein Lächeln.

Die Wolle war ein Fiasko. Aber weil sie für einen Haarschnitt Fr. 1.50 verlangte, kamen bald sämtliche Kinder aus Ingenbohl-Brunnen zu meiner Mutter. Nach einigen Monaten enthielt der Umschlag *Kinderschuhe* genug, um nach Schwyz ins Schuhgeschäft zu marschieren.

Eine Krankenkasse vertraute Mutter die Führung des Protokolls an. Wohl für ein Trinkgeld. Jeden Abend schmetterte sie nun einen gewaltigen Folianten auf den Küchentisch und steckte ihre Feder ins Tintenfass. Während sie die Linien des Papiers bekritzelte, biss sie auf die Zungenspitze.

»Der Himmel muss abverdient werden, Kinder.«

Sie ahnte, dass ihre Niederschrift nichts an den Krankheiten in diesem Dorf ändert. Nur ihre Auf- und Abstriche wurden fahriger, ihre Augen schwächer und ihre Kinder wurden stiller.

Zum Führen des Protokolls gehörte auch das Vortragen an der Generalversammlung der Krankenkasse. Für den Folianten stand kein Tisch zur Verfügung. Mutter stützte das schwere Buch auf dem Bauch ab und hielt es mit beiden Armen. Das Buch bebte, während sie mit unhörbarer Stimme las. Die Mitglieder wurden unruhig, ruckelten auf den Stühlen und husteten. Meine Mutter warf einen Blick auf ihre kreidebleichen Kinder und fasste unter den Mantelkragen, um die Blöße ihres Halses zu bedecken. Aber wir drei hatten nicht das Glück, von einem Balken erschlagen zu werden. Jetzt war die Stunde, die Minute, die Sekunde, die es zu bestehen galt. Sie führte das tonlose Lesen bis zur letzten Zeile fort, legte das Protokoll auf den Boden, erfasste mit jeder Hand ein Kind und rannte mit uns nach Hause. Dort fiel sie wortlos auf den Küchenschemel und senkte ihr Gesicht auf den gefleckten Tisch.

Ich dachte, sie würde es nie wieder von der Tischplatte lösen. Ich glaube, dass es dieser Vorfall war, der meinen Ehrgeiz zum Schreiben angestachelt hat. Dieses verschämte Fliehen aus einem Saal voller Menschen. Vielleicht waren es auch die vielen Tränen der Mutter. Weil ich etwas tun wollte, das sie für all ihren Kummer entschädigt. Vielleicht war es auch einfach mein Wunsch, einen eigenen Tupfen in den Himmel zu setzen. Wie auch immer: Von diesem Tag an übernahm ich die Verantwortung für meine Mutter und meinen Bruder.

Aber ich wurde dabei ein trauriges, zurückgezogenes Kind. Zum Glück trug meine Fantasie mich fort.

Zum fünfzigjährigen Jubiläum des Frauenstimmrechts ist der Film *Das katholische Korsett oder der mühsame Weg zum Frauenstimmrecht* von Beat Bieri und Jörg Huwyler uraufgeführt und auch für die Solothurner Filmtage nominiert worden. Ich durfte als Interviewte daran mitarbeiten. Gefragt war mein Erleben jener Zeit, als Mädchen, das ins katholisch geprägte Milieu der Innerschweiz hineingeboren und erzogen worden war. Es meldeten sich viele Zuschauer. Sie hatten ähnliche Erinnerungen. Und beim Betrachten des Films wunderten sie sich über ihre Haltung von damals.

»Wir konnten nicht ungehindert und selbstbewusst unsere Meinung vertreten.«

»Warum nahmen wir alles hin?«

»Wir glaubten, wir müssten alles in Gottes Hand legen.«

Der Film machte den Frauen klar, wie wenig ein Mädchen damals über den eigenen Körper wusste. Die erste Blutung hat es überrumpelt und zu Tode erschreckt. Vom ersten Kuss glaubte es sich schwanger. Wie den Ängsten und Schmerzen begegnen? Es erlebte den Körper als etwas Fremdes und Abstoßendes. Man redete nicht. Es gab kein Wort wie ›Sex‹. Buben und Mädchen spielten auf getrennten Pausenplätzen und Freundschaften zogen Hohn, Spott und Strafe nach sich. Vom viel besungenen Woodstock mit Drogen, Musik, Liebe und Intimität erfuhren wir aus Zeitschriften. Was sollte uns also die Bewegung der Hippies bedeuten?

Die meisten Zuschauerinnen zeigten sich überwältigt von den Pionier-Leistungen der Frauen, die man bisher öffentlich kaum wahrgenommen hatte. Städterinnen hatten schon früh präzise Ideen und den Mut, diese zu postulieren. Während sich Innerschweizerinnen mit dem gleichen Bildungs- und Erziehungshintergrund lange Zeit wenig oder überhaupt nicht an politischen Fragen beteiligten.

»Wir trauten uns keine Meinung zu. Für öffentliche Auftritte fehlte uns das Selbstvertrauen. Niemand ermutigte uns. Und wir fanden auch nicht die Kraft, von uns aus vorzupreschen.«

Niemand hielt es für nötig, ein Mädchen mit der Leihbibliothek bekannt zu machen. Der schmiedeeiserne Griff an der Eichentür der Kantonsbibliothek wurde von den Schülerinnen aus meiner Klasse nie berührt. Es war eine massive und riesige Tür. Ich wagte mich nie bis zu ihr vor, geschweige, dass ich jemals die Tür ins Wunderland des Buchs aufgestoßen hätte. Es gab diese Schranke. Sie separierte die Gebildeten und die Ungebildeten. Ich gehörte zu den Ungebildeten. Zu jenen, die nie eine Bibliothek von innen sahen. Und dies auch nicht vermissten, weil wir nicht wussten, was wir verpassten.

Dafür erlebten wir die katholischen Rituale mit all ihren Farben, Geräuschen und Düften. Sie beflügelten unsere Fantasie genauso wie die Sagen, das Gemurmel von Seelenwanderungen und unheimlichen Friedhofsgängen. Solche Geschichten haben uns beeindruckt und unsere Gefühle aufgewühlt: Angst, Grauen, Neugier und Versuchung. Sie haben unsere Sinneseindrücke geprägt. Dieses Verinnerlichen hat womöglich ein künstlerisches Talent in uns geweckt.

Wir Mädchen lernten auch nicht, uns vor die Klasse hinzustellen, um einen Vortrag oder gar eine Rede zu halten. Niemand ist auf die Idee gekommen, uns aufs Führen von Debatten zu trainieren. Welche Flausen hätten wir zu verfechten gehabt? Unsere Zukunft war jene unserer Mutter. Ein Platz am Herd und im Hintergrund. Es irritierte uns zwar, wie die Mütter das Leben annahmen. Wir murrten still. Wenn wir aber die Frauenhefte überblätterten und uns im Geist am Arm eines Mannes mit pariserischem Chic über einen Boulevard promenieren sahen, waren wir mit unserer Rolle zufrieden. Wir konnten von seinem Glanz zehren. Uns erwartete die Mutterschaft. Denn das ist das Beglückendste, Größte und Schönste, das uns von Gott geschenkt werden wird.

Niemand in meiner Familie machte ein Studium. Niemand hatte eine radikale Sicht. Mein Lehrmeister war mein Vater. Er verbreitete einen Duft nach Alpenkräutern und Heu.

Seine Jagdhunde umjaulten mich. Ihre langen Ohren brachten mir das Geklapper einer Windmühle bei. Er war mein Wassertier, lud mich auf seinen Rücken und schwamm mit mir über den See. Er zeigte mir die Unendlichkeit des Sternenhimmels und wie man sich mit den Augen die winzigen oder die gewaltigen Dinge auf unserer Welt zu eigen macht.

Meine Mutter war tagsüber mit Bubiköpfen und abends mit Sortieren der Münzen in unterschiedliche Briefumschläge beschäftigt. Wie hätte sie sich um Politik kümmern können. Oder ich? Die gut lernen, schönen Fantasien nachhängen und sich irgendwann einmal einen Himmelstupfen setzen wollte. Wie hätte ich über die Verhältnisse nachdenken, sie sogar verändern wollen? Die Tage waren, wie sie waren. Unantastbar.

Ich machte eine kaufmännische Lehre bei der Kantonalbank Schwyz. Einesteils aus Verlegenheit. Weil ich nicht wusste, wie man eine Schriftstellerin wird. Maschinenschreiben wäre das Vernünftigste und Brauchbarste. Die Lehrzeit gefiel mir sehr. Ich war das einzige Mädchen. Alle Abteilungen waren besetzt von freundlichen Herren. Sie deponierten den grauen Hut im Metallkasten. Ehe sie sich vor dem Stehpult auf den hochgeschraubten Hocker setzten, hoben sie mit Daumen und Zeigefinger bei den Knien die Bügelfalte an. Dann ging das Gehämmer auf die mechanischen Tasten von zwanzig Schreibmaschinen los. Ich bewegte mich sorglos und leicht in ihrer Umgebung, schoss meine Rohrpost mit spektakulärem Gerumpel in alle Abteilungen und flitzte mit Belegpacken durch die Schalterhalle. An Martini, wenn die Bergbauern den Hypothekarzins bezahlten, roch es dort nach Kuhmist und Stumpenqualm. Ich errechnete die Sparheftzinsen anhand einer Zinstabelle, während der Archivar mit Ärmelschonern seine Glühbirne auf den riesengroßen Folianten richtete, um im Register eine alte Gült für ein Kuhesset Land zu suchen. Als würden die Abteilungsleiter die Schuldenlast der Welt auf ihrem Rücken tragen, beugten sie sich über Papierbögen voll Zahlenreihen, kauten auf einer Brissago herum und stießen hin und wieder ein dünnes Räuchlein aus. Wenn ein Lehrling oder ein Lehrmädchen ins Gebet genommen werden musste, brüllten sie den Namen, schwangen auf ihrem kreischenden Sitz um hundertachtzig Grad und polterten während der Maßregelung mit den Schuhen ans Holzgewinde. Wenn aber das Telefon auf ihrem Pult klingelte, fuhren sie zusammen wie unter dem Zorn Gottes und büschelten sorgfältig die Belege, ehe sie das schrille schreckliche Ding abhoben, um in den Hörer zu schreien.

Ohne eine Ahnung von etwas wie einem ›Image‹. Ohne eine Ahnung, dass einmal die zurechtgewiesene Lehrtochter diese Erinnerung aus dem Staub der Zeit herausheben und ins Licht stellen könnte.

Im Tram zur Arbeit ging es immer lustig zu. Lehrlinge und Studenten hielten sich in der Führerkabine auf. Man kannte einander, wusste, wann wer wo einstieg, hielt Ausschau nach Verspäteten und bat den Führer, noch eine Sekunde zu warten. Wir waren eine Tramfamilie. Am Wochenende konnte ich im Kursaal von Brunnen tanzen. Mein Bruder stellte sich dagegen. Er war nun genauso groß wie ich. Dies gab ihm die Gewalt, mir das Tanzen zu verbieten.

Ich konnte aber ohrenbetäubend kreischen, sodass Mutter zu weinen begann. Zwischen Gekreisch und Tränen hatte Max nur eine Wahl: Die Erlaubnis zum Tanzen. Im Gegenzug gebot er über die Stunde der Rückkehr. Er kannte keine Gnade. Ich hatte Punkt 23.30 Uhr zu Hause zu sein.

Gut frisiert und mit einer filigranen Taille wie ein Sternchen vom Film, trat ich aufs Tanzparkett, legte meinem Partner zehn rot lackierte Fingernägel auf den Rücken und ließ den Tellerrock um die seidigen Beine schwingen. Diese Nähe war nur beim Tanzen möglich. Es war die Zeit der Big Bands, der ersten geflüsterten Liebesworte, des Versinkens in einem Augenpaar und des Wahrnehmens eines erhitzten Körpers. Man atmete zum ersten Mal einen fremden, erregenden Duft und bekam eine Ahnung von der ganzen Herrlichkeit.

Nach der Lehre zog es mich nach England. In unserem innerschweizerischen Touristenort gab es seit dem Ende des Zweiten Weltkriegs wieder Fremde. Wir bewunderten diese, weil sie Zeit und Geld für Reisen hatten. Während des Kriegs waren Internierte und amerikanische Soldaten in den Hotels stationiert. Durch sie erfuhren wir, dass es Menschen mit schwarzer Hautfarbe gibt. Sie brachten uns Kaugummi und lehrten uns englische Brocken »Tschuwinggum pliis«. Einige Worte Englisch gehörten für jeden Anwohner des Vierwaldstättersees zur Grundkenntnis. Ein Sprachaufenthalt zur Vertiefung schien uns natürlich. Fast alle meine Freundinnen wollten einmal nach England.

Als ich zurückkehrte, bewarb ich mich bei meiner früheren Bank als Sekretärin. Aber ich war ruhelos. Immer hielt ich Ausschau nach Neuem, Aufregendem und Verwirrendem. Im Winter gab es keine Fremden. Der Kursaal war geschlossen. Kein einziges Boot war am Quai vertäut. Die Berge versperrten mir die Sicht.

Man kann sich an der Schönheit einer Landschaft übersehen. Die Steilwände, an deren Schründen die Ballons meiner Kindheit sich scheuerten, stießen mich ab. Sie ließen keinen Einzigen über ihre Gipfel hinaus ins Blau des Himmels segeln.

Ich verließ mit einem Japankorb das Elternhaus, marschierte aus der Straße, die, wie die Nachbarn sagten, nicht mehr die von früher gewesen ist, und kehrte nie mehr dahin zurück. Ich konnte aus einem riesigen Stellenangebot das Passende wählen. Alle Berufsfachkräfte konnten in den Städten des Mittellands Karriere machen. In Bern gefiel es mir. Ein Schaufenster reihte sich ans andere. Der neue Zeitvertreib hieß jetzt ›Ware besichtigen‹. Mit Freundinnen wanderte ich stundenlang durch Shoppingcenter, packte unter Musikberieselung mein bisschen Einkauf in einen riesigen Drahtwagen und stieß diesen zur ausgeklügelten Kasse. Unterhaltung ohne Ende. Wir nahmen einen Imbiss zu günstigem Preis ein, tankten billiges Benzin, schauten eine Weile einer Vorführung zu oder den Kindern auf dem elektrisch-hopsenden Pferd.

Bei jedem Besuch ließen wir uns von einer neuen Darbietung faszinieren. Go-go-Girls waren neu für mich. Todesspringer kannte ich aus dem Zirkus. In der Wechsel-Ausstellung wurden einmal Reptilien, einmal Orchideen gezeigt. Bekannte Fernseh-Schlagerstars sangen im Shoppingcenter live.

Die ersten Fernsehgeräte für den Privathaushalt kamen auf den Markt. Bisher stand ich vor dem Radiogeschäft, um Nachrichten, Königshochzeiten oder ein Skirennen zu verfolgen. Nebenbei lernte ich, als Mannequin mit Hüftschwung auf einem Laufsteg durch die Mitte des Saals zu tanzen. Nach jedem Auftritt strampelte ich das Kleid zu Boden, warf das neue über den Kopf, ließ mich umfrisieren und trat als Dame von Welt wieder auf den Steg, um nachlässig einen Pelz hinterher zu schleppen. Dreißig Durchgänge, von der Dschungelbraut bis zum Girlie, begleitet von den passenden Klängen, das fand ich aufregend.

Ich dachte, es werde nun immerzu so weitergehen. Ich hatte einen Lohn. Eine kleine Wohnung. Einen Freundeskreis. Tanzte und modelte und sortierte Bankbelege.

Es ging so weiter. Tag um Tag. Woche um Woche. Monatelang. Wie geschmiert. Aber im tiefsten Innern erwartete ich etwas, das mich in den Himmel katapultiert.

Nichts geschah.

Ich spürte eine Unruhe, eine Leere, einen Hunger. Ich konnte es mir nicht erklären. Ich wartete. Worauf? Das wusste ich nicht.

Ich habe geheiratet.

Ich war einundzwanzig Jahre alt. Und eine hübsch in siebzig Meter Tüll verpackte Braut. Dass ich ein Buch schreiben wollte, dass ich das Talent dazu hätte, habe ich vergessen. Es war zu schön, neue Tassen in neue Schränke zu räumen, Kissen aufzuschütteln und meinen eigenen Welpen ans Herz zu drücken. Der kleine Haushalt hat mir unendlich Freude gemacht. Mein schöner Mann war da. Mein Hexenmeister. Er verzauberte mich. Er verzauberte alle. Er war so attraktiv, dass ich damit ausgelastet war, ein Auge auf ihn zu halten.

Ich war das zurechtgemachte Wesen an seiner Seite. Ich zehrte von seinem Glanz. Wie man es uns Mädchen vorausgesagt hatte. Ich wartete auf die verheißenen Kinder, das beglückendste, größte und schönste Gottesgeschenk.

Mein Mann wurde in dem winzigen Ort für seine Musikalität, Intelligenz, Gewandtheit und Militärkarriere verehrt.

Ich zeigte mich gern an seinem Arm und donnerte mich auf, um neben ihm nicht unterzugehen.

Aus heiterem Himmel gab es eine Aufregung. Mein Hexenmeister hatte mit dem Feuer gespielt und sich verbrannt.

Ich machte Auslegeordnung im Kopf. Zum ersten Mal in meinem Leben.

Es dauerte eine Weile, bis ich begriff, dass ich etwas ändern musste. Ich hatte mein Leben auf die Glitzerbahn der hübschen kleinen Garnituren gelenkt und erstickte in den Kinkerlitzchen. Ich träumte doch davon, mir die Welt auf die Fingerspitze zu setzen und ihr einen Dreh zu verleihen. Ich musste etwas unternehmen.

Dies sagt sich einfach. Ihn Wahrheit bedeutet es, alles auf den Kopf stellen. Wir wechselten die Region. Und ein Jedes wandte sich der eigenen Laufbahn zu. Mein Mann stürzte sich ins Studium. Ich machte mich ans Schreiben.

Ich begann bei Null. Welche Fähigkeiten hatte ich? Den Lehrabschluss bei einer Bank. Ich konnte ein bisschen schreiben. Es reichte zum Verfassen eines Leserbriefs. Schwester Maria Rita hatte aber einen Gedanken in meinen Kopf gepflanzt.

»Du wirst eine Schriftstellerin!«

Ich ahnte, dass das nicht ohne besondere Anstrengung geht.

Mein Berufsanfang war ein Kopfsprung ins Abenteuer. Was hatte ich der Welt denn zu bieten? Etwas Fantasie?

Von Literatur hatte ich keine Ahnung. Oder wie die Welt sich dreht. Mir mangelte es an Selbstvertrauen, an Bildung, an Erfahrung, am Durchblick. Mir mangelte es an allem.

Aber ich hatte einen von Schwester Maria Rita eingepflanzten Traum.

Zuerst musste ich lernen, an mich zu glauben. An meine Fähigkeit, Ausdauer, Disziplin und Beharrlichkeit. Lernen, meine Kraft auf ein bestimmtes Ziel zu bündeln und mich auf einen langen einsamen Weg vorzubereiten.

Ich begann meine Arbeit ganz im Stillen. Ich musste mir die Grundlage zum Schreiben von A bis Z erarbeiten. Dazu musste ich akribisch vorgehen und meine angeborene Ungeduld drosseln. Kurz: Ich musste das Lesen neu erlernen, denn ich wollte ja einen besseren Zugang zur Literatur finden. Den Rückstand zu den großen Werken der Weltliteratur konnte ich nicht aufholen. Aber ich war verbissen und begann, mir eine kleine Bibliothek mit Gegenwartsliteratur aufzubauen. Viele Texte erschienen mir schwierig, sperrig, sogar langweilig, aber ich suchte nach dem Zauber des Werks, zergliederte den Text: Anfang, Ende, Aufbau von Szenen, Figurenführung, Atmosphäre, Rückblenden, Gedankenblitze, Wortwahl.

Ich arbeitete an der Grundlage für eine eigene Schreibtechnik.

Beim Verfassen von Büchern ist es wie bei jeder Tätigkeit: Einige Talente muss man mitbringen, die meisten Fähigkeiten muss man erlernen. Fantasie und Ausdauer waren mir gegeben. Aber das Schreiben musste ich erlernen. Ich übte, machte jeden Fehler und begann wieder von vorn.

Die größte Schwierigkeit bestand darin, dass niemand mir Mut machte, da ich in aller Heimlichkeit schrieb. Nur ich redete mir unermüdlich vor, dass ich es schaffe. Dass mein Buch den Weg in die Öffentlichkeit fände. Andererseits zerstörte auch niemand meine Zuversicht und mein fragiles Selbstvertrauen.

Tag für Tag brütete ich über den Büchern, machte Anmerkungen und übertrug meine Gedanken dazu in mein Notizheft. Ich ging Schritt um Schritt vorwärts. Für mich hatte dieses Ringen einen Sinn. Ich sah ein Licht am Ende des Tunnels.

Inzwischen wurden sich in der Schweiz die Frauen ihrer Rechte als Bürgerinnen bewusst und setzten sich fürs Stimmrecht ein. Das Jahr 1971 war ein Meilenstein für alle Frauen, für die Demokratie, fürs Mittragen von Verantwortung. Zwar brachte die eidgenössische Abstimmung den Durchbruch nur auf nationaler Ebene. In einigen Kantonen verweigerten die Männer den Frauen das kantonale Stimmrecht noch jahrelang.

Für mich privat war es kein Jubeljahr. Ich arbeitete ohne Aussicht auf Erfolg an einem ersten Roman. Kannte keine Kritiker, keine Verleger, unterhielt keine für meine Arbeit wichtigen Beziehungen. Mir fiel keine Menschenseele ein, der ich meinen Text zur Beurteilung überlassen konnte. Auch meine Ehe kriselte.

Doch beim Schreiben vergaß ich alles. Ich zähle zu den Menschen, die versuchen, über Schwierigkeiten wegzusehen oder diese gar schönzureden.

Nach vier Jahren las ich in einer Zeitschrift beim Coiffeur, dass von 400 eingereichten Manuskripten nur gerade eines druckreif sei. Ich erschrak im tiefsten Innern. Ich musste meinen Text besser formulieren als 399 andere Schreibende. Nach einer schlaflosen Nacht schwor ich mir:

Dein Manuskript ist dieses Eine!

Ich stieß auf einen interessanten Stoff. Aber er passte nicht zum Thema meines ersten Romans. Ich entschloss mich, den Stoff zu einer Geschichte zu verarbeiten. Bisher hatte ich mich nie an eine Kurzform gewagt.

Als die Geschichte fertig vor mir lag, fand ich, sie sei mir gelungen. Früher konnte ich keine Texte beurteilen, diese Fähigkeit war neu. Ein Quantensprung auf meinem langen Weg zur Literatur. Dies war ein gutes Gefühl. Ich schickte die Geschichte an die Literaturzeitschrift ›Drehpunkt‹ und fand eigentlich, wenn die Redaktion sie mir zurückschickt, versteht diese nichts von Literatur! So viel Selbstsicherheit kenne ich im Grunde nicht. Ich habe mir nie etwas eingebildet, mich nie überschätzt. Im Gegenteil, immer gab es etwas zu bemängeln. Aber an dieser Geschichte fand ich nichts auszusetzen.

Der Anruf kam prompt.

»Die beste Geschichte seit Jahren.« Das Urteil von Hansjörg Schneider.

»Wer ist die Schreibende?« Werner Schmidli.

Man bat mich um weitere Geschichten. Ich, eine namenlose Hausfrau, lieferte weitere Geschichten. Mein Lebenspartner nahm diese erste Veröffentlichung mit Skepsis zur Kenntnis. Ihn bewegten aktuelle Themen. »Es geht uns gut«, erklärte er unseren Freunden. Ich stand in seinem Rücken. »Blendend«, rief ich aus dem Hintergrund den Freunden zu, »meine Erzählung wurde veröffentlicht.«

Ich zersprang vor Glück und Stolz.

Die Freunde beglückwünschten mich. Aber plötzlich nahmen sie ihre winkende Hand aus der Luft und schauten verunsichert zu meinem Mann, der vor mir stand. Ich begriff, dass er den Freunden blinzelnd zu verstehen gibt, dass man mein Geschreibsel und die Zufalls-Veröffentlichung nicht ernst nehmen muss.

Es traf mich im Tiefsten.

Achtzig Jahre genügen nicht, um diese drei Sekunden aus meinem Gedächtnis zu löschen.

EIN SCHUSS

Er zerriss die Stille eines Sommernachmittags. Ich war gerade über ein Steinbeet balanciert, mit Blumen in der einen und der Harke in der anderen Hand. Leicht zu treffen für jemanden, der im Gebüsch unterhalb des Hauses kniete, ein Ziel suchte und mit einer Fingerkrümmung die Kugel losschwirren ließ.

Um diese Stunde tauchte immer ein Mädchen auf. Ich gab ihm den Namen Ypsilon. An schulfreien Nachmittagen trottete es den Hang hinauf, ging aber nie weiter als bis zu unserem Haus. Hier hockte es sich aufs Wiesenbord und nestelte an den Schuhen herum. Wenn mein Mann den Hang herauffuhr, hüpfte Ypsilon freudig auf sein Auto zu. Er hielt auf der Straße an und es hing sich an die heruntergedrehte Scheibe. Das Geplauder war ein nicht endender, von Geschlenker, Trippelschrittchen und Seufzern begleiteter Gesang. Wenn ich am Fenster erschien, zog Ypsilon den Mund schief, voll Spott, voll Verachtung und Hohn. Sie starrte mich feindselig an, bis ich den Rollladen niederratschen ließ und das Mädchen aus meiner Welt losch. Es kam vor, dass ein Stein gegen das Fenster flog.

An diesem Nachmittag schrieb mein Mann zu Hause an seiner Dissertation. Das Fenster seines Zimmers stand offen. Ich wollte Blumen hineinreichen, denn der Tag war zu strahlend für Schreibtischarbeit. Barfuß tastete ich über die Bollensteine, die dem modernen Einfamilienhaus ein japanisches Ambiente gaben. Über mir wippten Vögel durchs Blau. Ich sah hinauf.

In diesem Augenblick pfiff die Patrone an meinem Ohr vorbei. Auch er vernahm den Schuss. Er sah mich fragend an. Ich hatte keinen Kratzer. Niemand war zu sehen. Nichts regte sich. Die Straße war leer.

Ypsilon? Versteckt im Gebüsch? Nicht mehr bloß mit einem Stein bewaffnet? Ich überlegte, was in ihr vorgeht. Sie muss zuschauen, wie ich mit Blumen auf den Mann ihrer Träume zugehe und dieser sich vergnügt von meinem Strauß trösten lässt. Während sie als Ausgeschlossene sich zitternd in die Dornen eines Gebüschs drückt wie ein getretenes, verjagtes Tier.

Gefühle sind nicht vom Alter abhängig. Liebe nicht. Und Hass nicht. Ypsilon musste nur den Finger am Abzug krümmen.

»Was ist das gewesen?«, fragt mein Liebster, ein Offizier, ausgezeichneter Schütze und Führer eines Bataillons, der das Geräusch, den ein verrissener Schuss verursacht, eigentlich kennen muss.

Ich habe meine Schultern gehoben und fallen gelassen. Im Geröll nach einer Kugel zu suchen, fand er überflüssig. »Unten in der Zeile der Einfamilienhäuser wird ein Idiot seine geladene, ungesicherte Waffe putzen.«

Ich gab keine Antwort. Es war ein Schuss. Dieser galt mir. Ich begriff, dass mein Hexenmeister ein Vielgeliebter ist. Und auch bleiben wird.

Schön für ihn, schlecht für mich.

Zeit für eine Auslegeordnung im Kopf. Wie noch so oft im

Leben. Wir waren als Paar in dieser Inszenierung von einem Japangärtchen am falschen Platz. Er ging. Ich blieb. Und der Hund tröstete mich.

Mein Erstling mit dem Titel »AUSSICHT GERAHMT« handelt von einer Frau, die wissen will, wer sie ist, was sie will und was ihr zugestanden wird. Mein Thema.

Das Buch war noch nicht ganz fertig. Aber mir war klar, dass ich so lange daran schleife, bis es eine lesbare Form hat. Ich war von etwas wie einem heiligen Auftrag erfüllt. Mein Schreibtisch war ein Altar. Ich war unerbittlich und hart zu mir. Bereitete mich auch auf Rückschläge vor.

Aber das Alleinleben machte mir Mühe. Ich war zur Einsiedlerin geworden, die fürs Schreiben lebte. Im Glashaus fühlte ich mich den Blicken ausgesetzt. Ich hatte keine Vorstellung von der Zukunft. Diesen Gedanken wies ich weit von mir weg. Mir graute davor. Der Inhalt meiner Tage war das Schreiben.

Seit acht Jahren arbeitete ich an meiner Schreibtechnik. Als ich den Erstling abschloss, wusste ich, dass es schwer würde, einen Verlag zu finden. Ich kannte niemanden in dieser Branche. Mein Name war unbekannt. Ich hatte zwar zwei Erzählungen im ›Drehpunkt‹ und in der ›Neuen Zürcher Zeitung‹ publiziert. Doch das zählte so gut wie nichts. Ich suchte die Adresse eines Verlags bei meinem Buchhändler in Zofingen und überbrachte mein Manuskript der Post.

Es folgten schwierige Tage. Trostlose und einsame Tage. Es gab in meinem neuen Leben nicht viele Gewissheiten. Eigentlich nur drei:

Zu bestehen. Zu schreiben. Mich nicht erschießen lassen.

Mein Manuskript wurde angenommen. Ich sank in die Knie vor Freude. Mir war bewusst, dass ich es dem verzitterten Revolverschuss einer Minderjährigen zu verdanken habe, dass ich diese Glückseligkeit erleben darf. Andernfalls wäre ich nun ein Aschehäufchen, ein gerahmtes Foto, längst vergessen.

Die Meinung von Verleger Peter Keckeis hatte in jener Zeit im Literaturbetrieb der Schweiz viel Gewicht. Es bedeutete, dort angekommen zu sein.

Nach Eintreffen der druckfrischen Exemplare stellte ich den Erstling auf den Flügel, setzte mich in den Schaukelstuhl und schaute das Buch den ganzen Tag aus verschiedenen Perspektiven an. Ich hatte mir den innigsten Wunsch erfüllt und war nicht mehr nur ein Bündel von Verlangen.

Der Erstling erschien zu einer Zeit, da Frauen in der Schweiz ihren Mann um Erlaubnis bitten mussten, wenn sie einer bezahlten Arbeit nachgehen oder ihr eigenes Bankkonto besitzen wollten. Das Buch errang sofort einen Achtungserfolg im In- und Ausland.

Prof. Malcolm Pender von der Strathclyde University Glasgow schrieb: »Der Roman handelt von einer Frau, die in einer konservativ geprägten Umgebung ihren begrenzten Freiraum sucht. Diese Schilderung wird den Lesenden vor dem präzis geschilderten Hintergrund der Schweiz in den 70er-Jahren präsentiert.«

Der Roman platzte in eine Vielzahl von Bedrohungen.

Die Gefahr eines nuklearen Krieges bestand und beunruhigte.

Die Weltbevölkerung stieg sintflutartig an und bedrohte das ökologische Gleichgewicht der Wirtschaft.

Rohstoffe, die als unerschöpflich galten, wurden knapp.

Roboter steigerten die Produktivität auf das Doppelte bis Vierfache, während die Lohnkosten aufs Fünffache gestiegen waren.

Eine Pershing II-Rakete benötigte von Westeuropa bis ins Zentrum der UdSSR nur noch vier Minuten Flugzeit.

Zum ersten Mal heulten Sirenen von Schulhäusern, Fabrikgebäuden, Gemeindehäusern. Doch der Ton setzte nicht zur selben Zeit ein. Fast melodiös schwoll er an und senkte sich. Vorläufig als Übung.

Dies war die Stimmung: Man interessierte sich für politische Fragen. Auch für den Arbeitsplatz. Die Schriftstellergruppe beschäftigte einen Rechtsdienst. Ich konnte dort meinen Verlagsvertrag vorlegen. Ich nahm diesen Vertrag sehr ernst. Er war die Bestätigung, etwas von Bedeutung erreicht zu haben und nun einem Berufsverband anzugehören. Dies gab mir Kraft für neue Herausforderungen. Ich packte sofort ein neues Thema an. Warten liegt mir nicht. Ich stürmte voll Enthusiasmus ins nächste Projekt.

Daneben verdiente ich meinen Lebensunterhalt bei der Bank. Es war keine Dauerbeschäftigung. Ich sprang ein, wenn jemand krank war oder ins Militär einrücken musste. Man nannte mich »Die Feuerwehr«. Aber seit ich allein lebte, nahm ich vermehrt solche Aufträge an. Nun gab es auch Anfragen für Lesungen. Sie brachten einen finanziellen Zustupf.

Meine erste Lesung fand in Zürich statt. Es kam eine stattliche Anzahl Besucher. Ich hatte geträumt, dass ich am Lesepult mein Buch aus der Tasche ziehen will und merke, dass ich es vergessen habe. Mein Verleger lachte meine Beunruhigung weg. Er bringe zu jeder Lesung ein Extra-Exemplar mit.

Zum ersten Mal stand ich Rede und Antwort. Es war ungewohnt. Ich erschrak, weil Menschen mich umringten, die ich noch nie gesehen hatte. Für sie war ich eine Vertraute, mit der sie von Buchseite zu Buchseite Gedanken, Bilder und Träume verbanden. Es kostete mich Mühe, mit Publikum zu plaudern. Was gab es denn zu sagen? Was ich mitteilen wollte, habe ich niedergeschrieben.

Ich war froh, nach Hause zu kommen. Das Zufallen der Tür erleichterte mich.

Dolly war die erste Person, die sich mein Buch signieren ließ. Sie trat nicht auf mich zu, sondern segelte durch die Luft. Mit einem einzigen Spreizschritt von der ersten Stuhlreihe über die Breite des Gangs bis zum Rednerpult. Ihre Landung erschütterte das Pult, ließen meine Bücher tanzen und den Füller zu Boden rollen. Sie trug eine silbrig schimmernde, wattierte Jacke, eine Bauchtasche und federnde Schuhsohlen, ging am Rednerpult in die Knie, um den Füller aufzuheben und schaute mich mit Sternaugen an.

Ob ich bitte … so nett wäre … und ihr Buch … voilà da ist es! Sie schob es aufgeschlagen vor mich und ritzte mit einem silbernen Fingernagel dem Falz entlang, damit das Buch sich nicht wieder schloss. Eine Frau, die weiß, was sie will, dachte ich. Und bat um ihren Namen für die persönliche Widmung. Sie dachte einen Moment nach, dann sagte sie:

»Schreiben Sie: Für Dolly Esquiero.«

Als ich mich mit ihr unterhalten wollte, war sie bereits in der Menge verschwunden.

Der Roman machte mich zu einer öffentlichen Person. Ich erhielt täglich Post. Der Schriftsteller Jürg Läderach nannte das Buch mehr als raffiniert, denn es handle sich um eine besonders irritierende Mischung ›Erotik on the rocks‹, lockend und kühl. Lesend würden Männer und Frauen sich verwirren, verlieben und Kontakt suchen.

Einige Briefschreiber drückten ihre Sympathie und ihr Lesevergnügen aus. Andere zitierten einen Satz, der ihnen besonders aufgefallen war, wieder andere kannten mich von früher, hatten noch nie etwas gelesen, aber in einer Zeitschrift ein Bild entdeckt.

Ich entnahm den Briefen, dass viele Menschen heimlich schrieben. Sie sahen in meinem Buch eine Hoffnung für ihr eigenes Talent. Dass jemand ohne Vorbildung sogar einen Buchpreis bekommt, gab ihrem stillen Arbeiten einen Schub. Sie waren es, die zu den Lesungen strömten und Briefe schickten. Einige breiteten ihren Stoff vor mir aus oder sandten mir ihr Manuskript zur Durchsicht und Korrektur. Sie erwarteten, dass ich bei meinem Verleger ein gutes Wort für ihr Talent einlege.

Ich war ein Strohhalm.

Meine Einsiedelei erschien ungewöhnlich für eine junge Frau. Dieser Lebensstil faszinierte. War der Richtige noch nicht gekommen? Der eine oder andere Leser wusste, dass Schreiben kein Brotberuf ist. Man bot mir Sicherheit in einer Ehe. Ich müsste nie mehr schreiben, ich wäre versorgt.

Von Peter Handke, dem ›Enfant terrible‹ der Literatur, bekam ich einen Brief. Ich bewunderte seine Bücher. Er wohnte zu dieser Zeit mit seiner Tochter Amina in Paris und schrieb an seiner Filmerzählung ›Die linkshändige Frau‹. Mein Buch hatte er im Flugzeug gelesen und fand, dass die Figur Sanftmut, Natürlichkeit und Intelligenz verkörpere. Er sah darin einen Bezug zu seiner ›Linkshändigen Frau.‹

»Genau das ist sie!«

So äußerte er sich beim österreichischen Freund Alfred Kolleritsch. Vom Basler Autor Jürg Läderach bekam er meine Adresse und rief mich an. Er fand, ich sollte die Rolle in seinem Film übernehmen. Er fragte mich auch, warum ich in der Schweiz schreibe, er in Paris. Sein Haus wäre doch groß genug für beide, wir würden uns doch nicht behindern, könnten bis Weihnacht zusammen sein. Dann verreist er nach Kanada, ich nach Schweden. Unser Treffen in Paris zeigte uns aber, wie fremd mir eine Schauspielrolle wäre.

Zum ersten Mal besuchte ich eine Tagung der Schriftsteller. Mich beeindruckte es, dass ich die Menschen hinter den Büchern kennenlernen durfte. Weil ich wusste, dass jedes Buch ein Fußabdruck des Lebens bedeutet, hatte ich große Achtung vor ihren Fähigkeiten. Jeder Autor hat seine eigene Auslegung vom Menschen. Und die Figuren verkörpern die Sicht ihres Schöpfers, zeigen dessen Grenzen, dessen Befindlichkeit und dessen Verständnis von der Ordnung der Welt.

Einer lobte meinen Erstling.

Danach bemängelte er meine adrette Kleidung. Er fand, dass ich den Eindruck einer Bankangestellten erwecke. »Es sollte aber von Weitem sichtbar sein, dass du Künstlerin bist. Hast du keine Klamotten? Sieh mich an! Für Treffen mit der Gruppe ziehe ich einen zerlöcherten Pullover an und verwirble mein Haar.«

Ich war verwirrt.

Ja, ich hatte mich hübsch gemacht wie fürs Theater oder sonst einen Anlass, der Ehrerbietung erforderte.

»Bist Du eine Emanze?«, fragte ein anderer. Es klang verächtlich, als bekäme man Probleme mit mir und müsste sich auf Krawall gefasst machen. Wenige Wochen später bat mich eine Politikerin um einige Sätze zur Emanzipation. Ich sollte die anwesenden Frauen ermuntern.

Hatte ich mir je Rechenschaft darüber gegeben?

Ich war eine Frau. Eine Schreibende. Ich fühlte mich zu keinem Zeitpunkt unterdrückt. Nicht einmal, als mein Liebster abschätzige Faxen wegen meines Schreiberfolgs machte. Ich schrieb dies einem Mangel an Respekt zu, männlicher Rüpelhaftigkeit. Durch meine Arbeit hatte ich einen Punkt erreicht, von dem aus ich weitere Meilensteine nehmen konnte. Zum Protestieren sah ich also wenig Grund. Frauen müssen nicht befreit werden, sie befreien sich selbst. Sie können das. Dies meine Meinung.

Die Politikerin stutzte über mein Schweigen. Mit dem Leitspruch »Das Private ist politisch« wies sie auf den Zusammenhang zwischen individuellen Erfahrungen und gesellschaftlichen Bedingungen hin. Dann lachte sie und meinte, dass sie keine emanzipiertere Frau als mich kenne. Solche Leute braucht die Politik.

Erst da begann ich, mich in einem Zusammenhang mit der Frauenbewegung zu sehen. Veränderungen finden statt, ohne dass sie im Einzelnen wahrgenommen werden. Dass es im Quartier nicht mehr so schön ist wie früher, haben die Bewohner in meinem Heimatort auch erst festgestellt, als ihnen die Neu-Zugezogenen die Sitzpolster fadenscheinig gesessen haben.

Heute muss ich bei keinem Interview mehr Antwort auf die Frage geben, welchem Lager ich angehöre. Links? Rechts? Damals sah man mich die Achseln zucken und forderte, ich solle, statt den Bleistift anzuspitzen, in der Demo marschieren. Aber Schreiben war meine Art der Emanzipation. Ich habe mir einen Lebensweg geschaffen. Von Anbeginn hielt ich es für sinnvoll, Eindrücke schreibend zu verarbeiten. Auch Denken ist eine Form von Handlung. Der Anfang jeder Veränderung. Eigenständiges Denken ist Frauen wie Männern zumutbar. Es gehört zum Wesen des Menschen.

Frauen betraten die Lesepulte und Rednertribünen.

Ich wurde gebeten, zum Jubiläum der Stadtbibliothek Luzern das Mikrofon zu ergreifen. Für die Wahlkommission war dies ein mutiger, beinah revolutionärer Entschluss.

»Kann DIE überhaupt reden?«, lautete ein Einwand.

»Wenn wir einen Schriftsteller wählen, wissen wir auch nicht, ob er reden kann. Doch diese Schriftstellerin kann man wenigstens anschauen, ohne dass man es bereut, gekommen zu sein.«

Diese Antwort gefiel der Kommission. Sie war einfach und unwiderlegbar.

Ich stellte mich auf die Bühne, ergriff das Mikrofon und redete.

Eine Zeitung informierte über den Anlass mit dem Titel: ›Das Püppchen mit den roten Stiefeln‹.

EIN FRISCHLING

Ich kehrte nach Hause zurück. In die Stille.
Setzte meine Schreibarbeit fort. Trat da und dort bei Lesungen auf. Beantwortete Post. Las Kritiken und war die Feuerwehr der Bank.

»Du hattest unsägliches Glück!«, fanden einige meiner Bekannten.

Ich gab zur Antwort, dass der Erfolg kein Zufall sei, sondern das Ergebnis von Arbeit, Disziplin und Lernwillen.

Nicht alle sahen das so.

Ein Jungjournalist wurde von einer Regionalzeitung zu meiner Lesung geschickt. In einer Atempause schnellte er vom Stuhl, um zu fragen, wie ich überhaupt dazu käme, mich ›Schriftstellerin‹ zu nennen, nach der Veröffentlichung eines einzigen dünnen Büchleins. Er stach mehrmals mit dem Zeigefinger in meine Richtung und machte große, fragende Augen.

Auch ich machte große, fragende Augen.

Danach setzte ich die Lesung fort.

Meine liebsten Menschen standen mit beiden Füßen im Alltag. Sie interessierten sich wenig für die Krisen der Welt. Dafür hatten sie die Fähigkeit, den Kleinigkeiten des Tages einen Platz zuzuweisen, der Freude, dem Ärger, der Schönheit des

Augenblicks. Sie fanden sich im Leben zurecht. Ich bewunderte sie. Ich durfte nicht erwarten, dass mein Vater den Roman las. Er hat im ganzen Leben noch nie einen Roman in den Händen gehalten. Dafür öffnete er jeden Tag die Zeitung, raschelte und knäuelte, überflog die Titel und Todesanzeigen. Auf die Kritik meines Buchs in der Regionalzeitung hatte ihn wohl jemand aufmerksam gemacht. Er wird den Artikel nicht gelesen haben, vermutlich genügte ihm die Überschrift. Doch ich sah, dass er mit der Hand zärtlich über den Buchdeckel meines ersten Romans strich. Danach stellte er ihn auf den Sims, über dem die Geweihe seiner erlegten Böcke in die Stube ragen.

Eine weitere Trophäe.

Der Gipfel von Aufmerksamkeit für die Arbeit seiner Tochter. Eine größere Ehre konnte er mir nicht erweisen. Dafür begutachtete er mein Zeitungsfoto. Er schnalzte, weil man mich in Schwarz-weiß und von der schlechten Seite aufgenommen und mit einem viel zu breiten Lachen zeigte.

Es war nun oft die Rede von der Zukunft der Technik. Dass sie unser aller Leben verändert. Für die Bankangestellten bedeutete der Wechsel von Schreibmaschinen zu Computern eine große Umstellung. Man musste nicht nur das Gerät bedienen lernen, sondern auch die Begriffe in englischer Sprache verstehen. Die älteren bezweifelten, ob sie noch imstande sind, die wenigen Jahre bis zur Pensionierung ohne eine Zusatzbildung, Rückstufung oder gar einen Burn-out zu bewältigen.

»Bis wir den Scheißcomputer bedienen können, ist er veraltet. So kommt es billiger, wenn man das Personal ersetzt.«

Ich machte mich mit den neuen Geräten vertraut. Auf Einladung einer Versicherungsgesellschaft durfte ich eine

Führung durch die Zentrale ihres EDV-Systems mitmachen. Es stand unter Bewachung, denn es war das Herz der Versicherung. Ein unvorstellbar gewichtiges und weithin schlagendes Herz. Mit der Einlasskarte näherte sich der zu Identifizierende einer Wand. Sofort öffnete sie sich. Ich rannte mit anderen Besuchern durch die Einlassspalte, denn nach zwanzig Sekunden schloss sie sich hinter uns. Dusche, Küche, WC befanden sich in der Zentrale, damit das Vertrauenspersonal den Raum nie verlassen musste. Wie Kassenschränke standen die Apparate nebeneinander. Auf den Bildschirmen flitzte ein weißer Punkt über die Zeilen. Die Magnetspeicherbänder enthielten Informationen, die ein Vermögen bedeuteten. Hijacking, Erpressung und Werkspionage seien immer möglich.

Die Teilnehmer an der Führung traf beinah der Schlag, als sie vernahmen, dass ein jeder Apparat sechzehn Milliarden Zeichen setzen kann. Und dies sei erst der Anfang. Die Maschinen würden immer intelligenter. Die Möglichkeiten des Zeitalters der Technik seien unermesslich.

Bisher war es üblich, dass der Verlag von ihren Autoren ein maschinengeschriebenes Manuskript erhielt. Doch ich übergab mein neues Buch in Form einer Diskette. Den Erstling hatte ich noch mit einer Kugelkopf-Schreibmaschine getippt. Zur Korrektur war ich auf dem Boden umhergekrochen, denn ich hatte einzelne Abschnitte aus den Papierbögen geschnipselt, um die Puzzleteile neu zusammen zu setzen. Eine mühsame Angelegenheit.

Als mir bei der Bank ein Computer zur Verfügung stand, ergriff ich sofort die Möglichkeit, die neue Technik anzuwenden. Leider musste ich sämtliche Kniffe ohne Anleitung austüfteln. Aber ich lernte aus Fehlern. Das Buch war beinah fertig, als der Computer abstürzte. Der Text war nicht zu retten. Und ich musste neu beginnen.

Im Jahr 1978 gab der dänische Staat drei jungen Schweizer Autoren Gelegenheit, für einige Wochen Dänemark zu besuchen. So reisten Huguette Murisier-Junod, Silvio Blatter und ich mit dem Zug nach Kopenhagen. Der Begriff einer dänischen Literatur war uns fast unbekannt. Im Dansk Forfatterforeninghouse begegneten wir zum ersten Mal einigen dänischen Autoren. Der Schriftstellerverein verstand sich als politisch unabhängige Gewerkschaft. Sie nahm die Interessen der Mitglieder gegenüber Verlegern, Bibliotheken, Massenmedien, Theater und Film wahr und sicherte ein für Künstler einigermaßen gutes Einkommen.

Huguette und ich waren froh um einen männlichen Begleiter, denn wir planten unseren ersten Besuch eines Pornoladens. Als Frauen getrauten wir uns nicht über die Schwelle. Wir hingen uns in den Arm des Begleiters und schleppten ihn zu den Dildos aus Gummi, um dort in Gelächter auszubrechen. Silvio schämte sich über unser Schulmädchengetue.

Anschließend fuhren wir im Zug bis nach Skagen im nördlichsten Zipfel, wo zwei Meere, das Skagerrak und das Kattegat, zusammenfließen. Beim Besuch von Schulen und dänischen Schriftstellern stellten wir fest, dass auch die Dänen den Begriff Schweizer Literatur nicht kennen.

Die erste längere Auslandsreise führte mich im April 1981 nach Polen. Die Genfer Autorin Yvette Z'Graggen begleitete mich. Romane und Erzählungen hatten sie bekannt gemacht. Zu jener Zeit arbeitete sie für Radio ›Suisse Romande‹, wo sie Kulturbeiträge und Hörspiele schrieb und realisierte. Dass wir zusammen eine gute Zeit haben würden, war uns vom ersten Augenblick an klar.

Wir hatten von den russischen Manövern gehört und erwarteten eine eingeschüchterte Bevölkerung. Aber nein, es gab keine Panzer und keine Soldaten in den Straßen, obwohl es im Radio hieß, sie würden dort Manöver machen.

Die Ruhe in der Stadt Warschau ist uns aufgefallen. Niemand drängelte sich vor den Läden. Ein Familienmitglied stellte sich in die Warteschlange für Fleisch, das andere in die Warteschlange für Brot. Als wir uns in einem Laden in deutscher Sprache unterhielten, überschüttete uns die Verkäuferin mit einer Schimpftirade in Polnisch, wies mit dem Finger zur Straße und sagte scharf: »raus!«

Polnische Kunden waren die Unfreundlichkeit in den Läden gewohnt. Keiner würde es wagen, eine Ware mit zerrissener Packung abzulehnen.

»Dies haben wir nicht«, sei eine Antwort, die die Kunden oft zu hören bekommen, wenn die Verkäuferin keine Lust zum Bedienen hat.

In der Stadt gab es Verliebte wie überall, man lutschte Eis, erstand an der Ecke einen Hotdog oder eine Pizza und genoss den Imbiss im Gehen. Die Gemächlichkeit, das Fehlen von Fahrzeugen und die Monotonie der Kleiderfarbe erweckte in mir den Eindruck, ich sehe einen alten Schwarz-Weiß-Film.

Der Alltag wickelte sich ab, trotz der Ungewissheit eines Kriegs. Die Gründung der ›Solidarität‹ sei ein bedeutender Moment, erklärte die Dolmetscherin. Alle Heiligenfiguren und Heldendenkmäler waren mit frischen Blumen und Bändern in der rot-weißen Nationalfarbe geschmückt. Die Kirche sei in allen Zeiten fürs Volk dagewesen, ohne Hoffnung könne man nicht leben. In den feinen Hotels gab es den Five o-Clock-Tea. Dort verkehrte die gehobene Schicht. Im Dancing herrschte Krawattenzwang. Man tanzte steif zur Musik eines Big-Band-Orchesters. Männer mit ausgeprägt knochigen Gesichtern hatten sich fein gemacht für einen wichtigen Abend in ihrem harten Leben. Sie legten ihre starken Hände auf den Rücken ihrer Dame. Diese war gut frisiert, hatte die ummalten Augen eines Vamps und am tiefen Ausschnitt eine raffinierte Garnitur. Nur ihre Schuhe mit den Blockabsätzen wirkten, als stammten sie aus dem Brockenhaus.

Im historischen Museum wurde ein erschütternder Film über die Zerstörung von Warschau im Zweiten Weltkrieg gezeigt und begleitet von einem etwas kitschigen Kommentar voll Schmerz und Vögeln, die nicht mehr sangen. Warschau war dem Erdboden gleich. Nichts blieb von der einst blühenden Stadt. Ruinen, Schutt und ein bisschen Hausrat, der vom Alltag seiner Bewohner erzählte.

»Diese Zeit bleibt unvergessen. Darum pflegen wir unsere Denkmäler«, meinte die Dolmetscherin. Literatur sei Tröstung und Rückhalt. Es werde mehr Wert auf reale Darstellung gelegt als auf die literarische Form.

Yvette und ich besuchten ein fulminantes Mitternachtskabarett. Heiterkeit erzielten Loblieder auf die Schönheit der Arbeit. Der Refrain eines Liebeslieds an die Kommunistische Partei hieß: ›Vielleicht kommt die Liebe eines Tages wieder‹. Das Publikum stimmte ein ins Lied der Maus, die auf die Hinterpfoten stehend brüllt:

»Aux Armes!«

»Wir haben zwischen den Zeilen lesen gelernt«, klärte uns die Dolmetscherin auf. Die Hilfe der Sowjetunion sei immer ›brüderlich‹. Wenn dieses Adjektiv fehlt, werde man aufmerksam. Wenn von einem ›sachlichen Meinungsaustausch‹

die Rede ist, bedeutet dies, die Parteien seien zu keiner Einigung gekommen. Wenn man einen Polen fragt, was er tue, wenn Deutschland und Russland gleichzeitig angreifen, antworte er: »Erst die Arbeit, dann das Vergnügen.«

Was ist Aggression? Ein Angriff ohne Beteiligung der Sowjetunion.

Warum war dieser Winter so heiß? Wir waren gut bedeckt vom russischen Mantel.

Warum vertritt sich der Russe an der Grenze die Füße? Weil er so schnell wie möglich einmarschieren möchte.

Warum haben wir auf drei Seiten Freunde und nur auf einer Seite das Meer?

In der Bibliothek des Schriftstellerhauses wurde auch Untergrundliteratur an die Mitglieder ausgeliehen. Honorare wurden staatlich geregelt, und zwar pro Bogen. Trotzdem konnten auch in Polen nur wenige Schriftsteller von ihrer Arbeit leben.

Zum Schluss unseres Aufenthalts führte uns ein polnischer Schriftsteller nach Auschwitz. Dort wurden 1,1 Millionen Menschen ermordet. Wir sahen noch Reste von Haarbüscheln und Korsagen für behinderte Kinder. Yvette und ich zottelten traurig über Wege, die nicht mit Kies, sondern mit Knöchelchen bestreut waren. Unser Begleiter erzählte uns von seinen Erlebnissen als Offizier der polnischen Armee. Ein deutscher Kommandant hatte eine sehr schöne Tochter. Unser Begleiter habe die Siebzehnjährige umworben.

»Sie verliebte sich in mich. In der Nacht ließ sie mich durchs Fenster in ihr Zimmer.«

Er habe das Mädchen verführt, es war noch unschuldig. Danach habe er die Pistole aus dem Halfter gezogen und das Mädchen im Bett durch die Decke hindurch erschossen.

Yvette und ich fielen aus allen Wolken. »Wie konnten Sie das tun?«

Es sei leicht, wenn ein Mann die Regeln befolge. Zuerst der Beischlaf. Dann der Mord. Immer in dieser Reihenfolge.

Uns war schlecht. Mit diesem Mann hatten wir uns Hunderte von Kilometer herum chauffieren lassen, Warschau-Auschwitz-Krakau. Und am nächsten Tag mussten wir mit ihm den ganzen Weg zurückfahren.

Das zweite Buch ›AUSSER SAISON‹ handelte von Randständigen. Nun quoll mein Briefkasten über. Auch dieses Buch brachte einen Achtungserfolg. Ich war glücklich und zog aus meinen bisherigen Erfahrungen den Schluss, dass in einem Leben viel passieren kann, an jedem Tag, in jeder Stunde und Minute. Dass Neugier wichtig und angebracht ist.

Ich war bereit, alles zu nehmen. Das Angenehme, das Unangenehme. Das Schöne und weniger Schöne. Jede Überraschung wollte ich mit einem Freudenschrei begrüßen.

Wieso parkte oft dasselbe Auto in der Nähe? Plötzlich fiel es mir auf.

»Du wirst beobachtet, wir rufen die Polizei!« Meine liebsten Menschen beschützten mich. Ich aber fand Rätsel spannend. Was passierte denn sonst in unserem Quartier? Den ganzen Tag tippte ich aufs Schreibmanual. Wenn meine Fingernägel nicht auf die Kunststofftasten rieselten, war es so still, dass ich das Summen einer Fliege hören konnte.

»Love it, leave it or change it.«

Nach Wochen der Stille sehnte ich mich nach Betriebsamkeit und Abenteuer und war dankbar für jeden Telefonanruf, der die Eintönigkeit unterbrach. Ich ließ mir eine Pause mit einem befreundeten Schriftsteller gern gefallen.

Mandy war der ›Nom de Plume‹ den ich ihm bei der ersten Begegnung gegeben hatte. Er legte den breitrandigen Hut auf den Flügel, wischte sorgfältig die Brille in einem gebügelten Faltenfach des Taschentuchs sauber und dann las er aus seinem Schülerroman die Szene, wie er zum ersten Mal eine Frau sich aus ihren Kleidern schälen sah. Er ging herum mit diesem Heft, lachte hell auf, las weiter, schwenkte auf einem Fuß in meine Richtung und wollte wissen, was ich zu diesem Bericht eines verkommenen Frühreifen sage.

Er gab die Antwort selbst. »Er ist einfach brillant!«

Woran ich gerade schreibe, interessierte ihn nicht. Was konnte eine Frau schon schreiben? Frauen spielen eine andere Rolle im Leben eines Mannes.

Ich wusste, dass auch Mandy die meiste Zeit in seinem Arbeitszimmer hockt und Geschichten erfantasiert. Er war zu Illusionen fähig. Ich mochte das. Er war unterhaltsam, konnte aber auch galant sein. Ein Herr von Welt, der die Salons im 18. Jahrhundert verzaubert hätte.

Bei unserem Treffen gab er einer Fantasie den Lauf, um die Wirkung auf mich zu erfahren, denn seine Ideen sollten seine Leserschaft überwältigen. Ich verstand, dass er nach seiner Schreibtischarbeit Abwechslung und Luft brauchte. Er schlug einen Stadtspaziergang vor. Ich wunderte mich über seinen Handkoffer. Sah ihn sonst nur mit einer schwarzen Aktenmappe, in die er sein Schülerheft, einige Seiten des neuen Romanprojekts und seine Pillen steckte. Der Handkoffer war ein altes Modell aus abgeschabtem Leder, mit einem gierenden Griff und seitlichen Messingverschlüssen. Im Park klappte er ihn auf. Er war prall mit Büstenhalter, Schlüpfer, Korsetts, Nylons und Slips in jeder Größe gefüllt. Leibwäsche von Großmüttern, Reizwäsche von Damen und Strings von

Teenies. Dieser unglaubliche Kofferinhalt musste von einem Dutzend Wäschedrähten gepflückt worden sein. Mandy wühlte lachend darin. Das Durchpflügen von Spitze und Seide und elastischen Bändeln mit klirrenden Spangen amüsierte ihn. Er hauchte einen Nylonstrumpf in die Luft und schob seine gespreizten Finger in das zarte Gewebe. Mit diesen Nylons, Hüfthalter und einem seidenen Slip ging er ins Gebüsch und ließ die Flanellhose fallen. Als gepflegter Herr mit Hut trat er lachend heraus. Die Damenwäsche trug er unter seinem Geschäftsherren-Anzug. Er zündete eine Zigarre an und tänzelte geziert über den Rasen. Beim Ausblasen von Zigarrenringen kostete er das Tragen der Damenwäsche aus, dieses seidene Rapsen an den Schenkeln, das Rutschen der Strumpfschnallen, wenn er die Beine spreizte und das Gesäß im elastischen Griff des Hüftgürtels spüren konnte.

»So schreitet es sich als Frau! So muss ich das beschreiben!«

Er dachte bereits an den künftigen Roman. Das Publikum wird verzaubert sein von seiner Art, sich ins Wesen einer Frau einzufühlen.

Wir bogen in die Einkaufszone der Altstadt und schlenderten auf der einen Schaufensterseite hinauf, auf der anderen herunter. Ich sah ihn selten so beglückt. Nach außen hin war er ein Bankdirektor, im Verborgenen ein Luder. Diese Frivolität machte ihn lebendiger denn je.

Er registrierte die Verwunderung der Damen, da die Herren der Bank sich zu dieser Nachmittagsstunde in ihren Büros aufhalten.

»Sie können den Blick nicht von mir abwenden«.

In seinen rapsenden Strapsen geziert neben mir über den Gehsteig trippelnd, ergötzte sich Mandy beim Gedanken an den Aufruhr in diesem verschlafenen Provinzstädtchen, wenn die Damen durch den grauen Flanellstoff seiner Hose schauen könnten. Dies würde einen Aufruhr erzeugen. Die Damen setzten ihren Weg zwar fort, doch sie vollführten eine kleine Drehung der Hüfte, um ihn nicht aus den Augen zu verlieren.

Da löste sich eine Schnalle des Hüfthalters und er zupfte, nach hinten verrenkt, die Naht des lotternden Strumpfs gerade. Weil ihm dies nicht gelang, drückte er mir die Zigarre in die Hand, um mit einem Griff unter die Hose den Strumpf am Straps befestigen zu können. Danach mischten wir uns auf der Einkaufsstraße wieder unter die Leute. Er, um das Wesen Frau bis in den geheimsten Winkel kennenzulernen. Ich, als Begleiterin eines biederen, zigarrenrauchenden Bankdirektors mit Hut.

Mandy kreierte seinen Auftritt. Er dachte an sein künftiges Buch. Und an die Lorbeeren für seine Beschreibung dieser kleinen Stadtszene. Wie hätte ich dieser Faszination nicht erliegen können? Ich schrieb am Roman »TRESORSCHATTEN«, den nach seinem Erscheinen eine Studentin in Australien zu einer Dissertation über die Erotik in Margrit Schribers Roman bewegen sollte.

Ich kehrte an den Schreibtisch zurück, um meine von Hoffnung und Sehnsucht erfüllte Figur für die nächsten Wochen oder Monate zu begleiten. Ich war mir im Klaren, dass sie sich von tausendfältigen Illusionen nährt, kühne Pläne macht, um dann doch nur die alten Enttäuschungen zu erleben. Menschen sind in ein Schicksal gezwungen, das sie nicht immer frei bestimmen können. Ich dachte bei diesem Buch an meine Arbeit bei der Bank. An die Kunden, die im Tresor in ihren Blechschachteln wühlen und in Geheimnissen kramen. Jeder Text hat auch mit Erinnerung und Aufmerksamkeit zu tun. Eindrücke setzen sich fest. Dazu kommen Fantasie, Handwerk und Leidenschaft. Inzwischen machte ich mir übers Schreiben keine Illusionen. Ein Buch in Angriff nehmen ist ein Vorhaben, so prosaisch wie die Absicht, ein Menü zu kreieren. Ich nehme mir vor, heute mit einem neuen Roman zu beginnen. Um acht Uhr früh sitze ich am Computer und habe um neun Uhr noch keine Ahnung, wovon er handelt. Ich renne im Geist hierhin und dahin. Um zehn Uhr habe ich einen Teil meiner Notizen durchforstet. Um elf Uhr stoße ich auf eine erste vage Idee. Dann beginnt das Umkreisen dieser Idee. Nur Spitzwegs Poet wird von der Muse geküsst. Gewöhnlichen Autoren passiert es nicht, dass ihnen trotz Kälte und Hunger die Worte und Seligkeiten zufliegen. Nichts fliegt zu. Ich starre aufs weiße Papierblatt und konzentriere mich. Wenn meine Beine einzuschlafen drohen, gehe ich an die Luft. ›Liegestuhljob‹, ›Spazierjob‹, ›Guckindieluftjob‹ nannten es meine früheren Nachbarn. Ich bin dankbar, wenn ich nach langer Suche einen Zipfel grünes Land am Horizont sichte. Erst nach vielen Arbeitstagen denke, träume und atme ich im Rhythmus der Geschichte.

Ypsilon tauchte nicht mehr auf. Manchmal begegnete mir ein alter Mann. Bei sonnigem Wetter saß er vor seinem Bauernhaus auf der Bank, die Hände auf dem Stock übereinandergelegt und einen Korb mit Äpfeln neben sich. Mir gefiel seine Ruhe. Sein Warten auf den Tod. Dass dieser Alte vom Tod sprach wie von einem wunderbaren Naturgesetz. Er lachte dazu und griff in den Korb nach einem Apfel.

Ich führte mein Tagebuch nur sporadisch. Obwohl es zur Stütze der Erinnerung nützlich gewesen wäre. Doch ich zog vor, mich von einem Gedanken fesseln zu lassen, damit zu spielen und immer tiefer vorzudringen, bis schließlich eine Geschichte entstand.

In meiner Post fand ich einen Brief mit Absender Dolly Esquiero. Sie bat um ein Treffen. Der Name beschäftigte mich seit jener Lesung, da diese Frau mit einem Sprung über die Breite des Gangs plötzlich vor dem Signiertisch stand und mir ein Exemplar zur Unterschrift vor die Augen schob. Sie schien eine außergewöhnliche Frau mit einem nicht alltäglichen Leben. Vielleicht ein Stoff für eine Geschichte? Ich bot ihr die Möglichkeit zu einem Treffen. Dolly Esquiero rief sofort an, schien keine Zeit zum Warten zu haben und schlug einen Besuch bei mir zu Hause vor. Sie sei motorisiert, bemerkte sie, und klingelte pünktlich an meiner Tür. Zu meinem Erstaunen wirkte sie etwas eingeschüchtert, beinah ungeschickt. Weil sie nicht wusste, was sie sagen wollte, spielte sie mit meinem Hund. Ich mochte das Gespräch nicht aufs Buch bringen, das sie sich von mir hatte signieren lassen.

»Ich nehme an, Sie waren auf dem Machu Picchu,« sagte ich.

Sie legte vier schwarzgelackte Fingernägel an den pochenden Hals und überlegte, wie ich auf diese Idee komme. Dass sie eine Bergsteigerin war, konnte ich an ihrer etwas rauen, rötlich-braunen Haut erkennen. Und ihre Ruhelosigkeit deutete auf vielfältige Interessen hin. Mit dem Spreizschritt, den sie bei unserer ersten Begegnung hinlegte, musste sie eine Frau sein, die Gletscherspalten übersprang.

Meine Einschätzung stimmte. Sie gab zu, die größte Sehenswürdigkeit Perus besucht zu haben.

»Ich war mit einem Lama-Treck unterwegs. Ich liebe Tiere über alles.« Sie verlor ihre Scheu. Ich vernahm den Aufprall eines falschen Fingernagels auf dem Porzellan, als sie die Tasse mit beiden Händen vors Gesicht hob.

»Du bist ok! Ich darf dich doch duzen.« Sie kenne Leute wie mich, Politikerinnen, Künstler, Firmenleiter, Filmer, Schauspielerinnen. Aber nicht alle seien ok.

»Ich habe Menschen erlebt, die sich zu großer Prominenz aufplustern und bei einem Fliegenschiss in sich zusammenfallen. Blindgänger halt.«

Dolly trug Schuhe mit hohen Absätzen und trippelte an den Wänden entlang, um sich die Aussicht anzuschauen. Sie öffnete das Fenster und schaukelte auf einem Fuß, um sich weit hinauszulehnen. »Dort unten wohnt ein Mädchen, das ich kenne.«

»Hat es ein Schafsgesicht?«

»Es hat engstehende Augen, eine lange Nase und einen zugekniffenen Mund, ja. Ein Schafsgesicht, wenn du willst.«

»Dann ist es Ypsilon.«

Dolly gab keine Antwort. Sie klappte den Klavierflügel auf und schaute sich die schwarzen und weißen Tasten an. Sie setzte sich schräg auf die Kante des Drehstuhls, um ein Kinderlied zu klimpern.

»Er liegt auf 2300 Metern Höhe.«

Ich begriff nicht gleich, dass sie die Ruinenstätte des Sonnengotts im Inka-Reich meinte.

»Weißt Du, dass sie jedem Sturm einen Namen geben?«

»Die Inkas?«

»Nein, die hiesigen Wissenschaftler. Unsere Meteorologen.«

Sie klimperte und summte dazu. Sie erklärt, dass sie in einer Band singe. Sie sei auch Gärtnerin, Büroangestellte, Malerin, Komponistin, Hundesitterin, Schreinerin, Dekorateurin und Vegetarierin. Dann nahm sie vier lange Schritte zum Salontisch, goss Tee ein, sank mit der Tasse in der Handschale in den Schneidersitz und schaute mich aufmerksam an. Nur das Klappern des Porzellans war zu hören. Ich las in ihren Augen eine komplizierte Geschichte. Etwas ging zu Ende und sie vermochte die Spalte nicht mit einem Spreizschritt zu überwinden. Doch sie wollte nicht darüber reden.

Nach Minuten widmete sie sich wieder dem Hund und plapperte dazu. Ich war froh, keine Fragen beantworten zu müssen. Meistens war ich diejenige, die Besuchern Rede und Antwort gab. Da sie ihre Bekanntschaft zu einem Mädchen in diesem Dorf erwähnte, gingen mir Ypsilon und der Hexenmeister durch den Kopf. So war ich froh, dass Dolly von Männern im Allgemeinen redete. Ihre Beziehungen dauern, wie sie versicherte, meistens drei Tage und drei Nächte ohne Unterbruch, aber mit Pausen der Ermattung, für Verpflegung und Erfrischung. Selten länger. Lachend hüpfte sie zur Treppe. Plötzlich wollte sie nach Hause. Aber sie ließ ihre Adresse neben dem Telefon.

In den Verwaltungen, der Politik, Kultur, in der Wirtschaft, sogar im Militär sah man nun immer öfter Frauen, die eine leitende Funktion einnahmen. Ihre Fähigkeiten wurden von einer schweizerischen Mehrheit anerkannt. Sie stellten sich mit den Männern zur Wahl und ihre Anliegen fanden Gehör.

Mein Ex-Mann meldete sich ab und zu. Er sehnte sich nach dem Hund. Er sehnte sich nach der früheren Zeit. Er suchte in den Winkeln des Hauses nach einem verschwundenen Gefühl und spielte ein paar Takte auf dem Flügel. Wir plauderten und tranken Kaffee. Ich bereitete ihm sein Lieblingsdessert zu. Die Erdbeeren verzierte ich mit Schlagrahm, so wie er sie mochte. Er lächelte über diese Geste der Gewohnheit. Inzwischen musste er aber Diät halten. Er trug nun auch andere Kleider. Zu Beginn stammten seine Schuhe, sein Hemd, seine Jacke noch aus unserer Zeit. Inzwischen war mehr als ein Jahr vergangen und jedes Kleidungsstück entsprach dem Schönheitssinn einer anderen Frau.

»Wir leben uns auseinander.«

»Der Lauf der Zeit.«

Dolly rief an. Sie wollte wissen, was ich mache.

»Ich schreibe. Mein Text wächst. Wenn mir das Arbeiten leicht von der Hand geht, dann habe ich das Gefühl zu tanzen.«

Sie schnupfte. Weinte vielleicht oder war gerührt. Ich fror am Telefon und wickelte mich in eine Wolldecke. Mein Haus war kalt, denn ich musste Öl sparen. An den großen Glasfenstern rieselte Schneeregen herunter, der Wind warf Schübe klirrender Stacheln gegen die Scheiben.

»Ich fülle alle zwei Stunden die Bettflasche mit heißem Wasser, um beim Schreiben die Füße daran zu wärmen. Ich sollte in ein warmes Land reisen.«

Dolly hatte Mitleid mit mir. Sie stricke Bettsocken für mich. Andererseits glaube sie nicht, dass ich immer nur arbeite. Die Leute haben Augen im Kopf. Sie haben Ohren. Und sie lesen die Zeitschriften im Dorfkiosk. Ich soll die eine und andere Affäre gehabt haben. Soll gar mit einem Liebhaber von Marylin Monroe durchgebrannt sein. Und die Frau eines Gouverneurs, dem stets eine Meute Fotografen an den Fersen hängen, soll meinetwegen einen Nervenzusammenbruch bekommen haben.

»Wahr oder nicht wahr?«

»Gerüchte!«, ich lachte. »Du bist unverblümt, Dolly!«

»Du bist fürs Thema Liebe wie geboren.«

»Das gilt für dich. Ich bin die am wenigsten Zuständige.«

Doch dann fiel mir ein, wie Martin Walser mir gegenüber seinen Kollegen Robert Walser taxiert hatte. ›Ein Ewigverliebter‹. Und wie ich zusammenzuckte, weil mir schien, auch ich sei eine Ewigverliebte. Ich begegne einem Kind und verliebe mich in seine Sprünge. Ich plaudere mit einem alten Mann und verliebe mich in seine lebhafte Mimik. Ich wende den Kopf dem Fluss zu und bin verliebt in sein Glitzern. Ich erdenke mir einen Zaun, um voll Lust darüber zu hechten.

»Jemand fand einen Kugelschreiber in deinem Bett. Eine Schreiberin geht mit dem Kugelschreiber zu Bett, ist doch normal.«, fand Dolly.

Ich war überrascht. »Wen interessiert mein Privatleben?«

»Mehr Leute als du ahnst.«

Ich wusste, dass Hansrudolf Frey als Verlags-Eingeweihter das Interesse seiner Buchhändler-Schüler mit Eskapaden seiner Autoren wach zu halten verstand. Das hebt den Umsatz. Zudem weitete sich der Markt für Zeitschriften mit ›wahren Geschichten, die das Leben schreibt‹ aus. Eine alleinstehende Jung-Autorin schien die Fantasie in Bewegung zu setzen.

Dolly plapperte. Der Singsang ihrer heiteren Stimme sank in mein Ohr. Ich wickelte die Telefonschnur um den Finger. Sprach sie von mir?

»Ich bin das nicht. Ich bin Tausende. Aber niemals diese Eine.«

»Du willst nicht die sein, die andere in dir sehen?« Dolly lachte.

Ich dachte nach. Sie hatte vielleicht recht. Der Mensch erfindet sich mit jeder Darstellung neu. Bin ich Diese? Oder bin ich Jene? Konnte ich denn das Wesen Dolly begreifen? Oder die junge Schützin aus dem Dorf? Ich nahm nur Bruchteile wahr.

»Wir wissen nichts voneinander«, sagte ich.

Schneestacheln prallten mit einer Heftigkeit an die Fenster, dass ich zusammenzuckte. Ich wünschte mich fort aus diesem Haus. Es sei bitterkalt, fügte ich bei.

»Aber ich werde jetzt einen Tee brauen, danach an die Arbeit zurückkehren und gnadenlos das widersprüchliche Bild ausschöpfen, das ich mir von dir mache, Dolly.«

Sie lachte hell auf. Dieses Lachen blieb im Raum hängen und begleitete mein Klöppeln auf dem Schreibmanual.

DIE SCHRIFTSTELLERIN UND ICH

Ich unterschied zum ersten Mal zwischen der Schriftstellerin und mir.

Während ich meine Geheimnisse wahrte, stand sie Rede und Antwort. Heute wurde sie zitiert und gelobt. Morgen in Grund und Boden gestampft. Übermorgen vergessen. Ich erfuhr ihren Jubel, ihren Zusammenbruch und ihre Fähigkeit, sich an den Haaren aus dem Schlick zu ziehen.

Die Zeit gehörte den Massenmedien.

Auch mein Vater hatte sich einen Fernseher angeschafft. Ihm gefielen Tiersendungen. Ihm missfiel, dass vor der Kamera jeder zum Opfer wird. Ein unsichtbarer Reporter befragte einige alte Menschen zu ihrer Jugend:

»Haben Sie nie aufbegehrt? Ihrem Mann nie die Meinung gesagt? Warum hatten Sie so wenig Selbstvertrauen?«

Die alte Frau veränderte ihre Sitzhaltung auf dem Stuhl. Aus anerzogenem Anstand antwortete sie dann doch. War aber vorsichtig, weil sie bemerkt hatte, dass ihr Gesicht in Großaufnahme auf den rundum aufgebauten Bildschirmen erschien und Millionen Zuschauer jede Regung erkennen konnten. Sie lächelte freundlich.

»Müssen wir denn über so Persönliches reden?«

Mein Vater hätte diese Dame umarmen können. Er fand, es habe nie ein Zeitalter von solcher Zudringlichkeit und

Schamlosigkeit gegeben. Nach dieser Feststellung schwieg er lange und pochte mit den Fingerknöcheln gegen die Schaufelzähne. Vermutlich hatte ihm jemand eine Klatschgeschichte über seine Tochter erzählt, die er mit dieser Geste erstickte. Sein Gespür zeigte ihm, was er von Menschen zu halten hatte. Nicht ein Zeitungsartikel. Er war selbst einmal das Opfer einer Reportage. Die ›Schweizer Illustrierte‹ brachte in ihrer Nr. 10 des Jahrgangs 71 einen fünfseitigen Bericht über Scharlatane oder Naturärzte mit dem Titel ›Heilung nach Fahrplan‹. Gemeint war die Kalenderkarte seiner Sprechstunden. Eine Reporterin und eine Fotografin überraschten seine Kunden, die einander die Türklinke in die Hand gaben und als ›Besucher des sogenannten Wunderheilers‹ betitelt wurden. Ein schwarzer Balken vor den Augen machte sie unkenntlich und sollte diesem Akt die Heimlichkeit einer teuflischen Messe attestieren. Der Artikel versprach eine Sensation über den ›Heiler‹, man wolle seine ›Tricks‹ bloßlegen. Die befragten Personen äußerten sich zufrieden über die Hilfe und ließen sich nicht verunsichern.

Mein Vater wirkte im Interview unverstellt und klar. So wie er immer war. Der Artikel brachte nichts Neues und verpuffte wie laue Luft. Wie Vater berichtete, hatte er danach einen noch größeren Zulauf.

In einer Tele-Kritik stand: Ich sei eine jettende Dame. Und unempfindlich gegen Kritik. Dolly erstattete mir Bericht. Ich schwieg und drehte mein Gesicht zur Seite, wie ich es als Kind lernte: wegschauen, Tränen zurückhalten, an etwas anderes denken. Doch ich war traurig. Ich wollte stark sein. Doch ich war schwach und versuchte vergeblich, mich auf meinen Text zu konzentrieren. Schließlich kuschelte ich mich mit dem Hund in den Sessel, hörte Musik und fühlte mich, außer von meinem pelzigen Freund, von der ganzen Welt verlassen.

Ein Bekannter flitzte am nächsten Tag in der Frühe mit seinem Baulaster die Straße herauf. Er war auf dem Weg zum Neubau. Vor meinem Haus hüpfte er aus dem Laster, um mir einen schönen Tag zu wünschen. Sein Bau schritt voran, während ich seit Tagen nur wenige Textabschnitte geschafft hatte. Ich bewunderte den Mann, wie er so dastand in Jeans und Lederjacke, den Rücken wie eine Feder gespannt und voll Tatendrang. Er brachte mir die Frische des Morgens und sein fröhliches Lachen. Ich rannte hinunter, um ihn zu umarmen, und die Kühle auf seinen Wangen zu spüren. Er schwang sich hinters Steuerrad und federte fort. Einige Atemzüge lang blieb ich mit erhobenen Armen winkend stehen.

Die Art wie ich lebte, mein Fantasielabyrinth, der Klatsch, meine Texte, die Ratschläge in den Briefen, alles, was mich pausenlos beschäftigte, kam mir in diesen Sekunden künstlich, nebensächlich, sogar absurd vor. Ich schloss die Augen und atmete den letzten Hauch seiner Frische ein. Dann drehte ich mich auf dem Absatz und kehrte an meine Arbeit zurück.

In einem Interview ließ ich verlauten, dass ich gern allein bin.

»Ich benötige die Stille zum Schreiben«. Ich hoffte, diese Aussage würde mir eine Atempause verschaffen.

»Du bist Allgemeingut, Cara«, fand Dolly. »Deine Einsiedelei ist interessant«.

Jemand sandte einen Valentinsgruß ›as ever yours‹. Ein Bote legte mir den schönsten Blumenstrauß meines Lebens vor die Haustür. Danach brachte der Gärtner eine Orchideenschale ohne Absender. Und eine Anruferin entschuldigte sich, dass sie mir an diesem Tag keine Blumen schicke. Diese Zeichen der Verbundenheit weckten meine Lebensgeister. Sie waren der Lohn für ein Leben, das ich der Literatur widmete.

Ein Gefangener malte ein Bild nach einer Fotografie. Zu meiner bevorstehenden kleinen Reise empfahl er mir den Besuch eines Kunstmuseums. Er gab mir einige Ratschläge für den Rundgang, damit ich kein sehenswertes Gemälde verpasse. Ich nahm wenig Gepäck auf die Flugreise und genoss ein paar freie Tage. Kurz vor dem Rückflug bekam ich die Meldung, dass die Polizei wegen eines Einbruchs in mein Haus ausrücken musste. Man nannte mir den Namen des Einbrechers. Es war der Gefangene mit den guten Ratschlägen. Er hatte die Tage meiner Abwesenheit gut genutzt. Schlief in meinem Bett, bediente sich im Keller mit den besten Tropfen und nahm etwas Schmuck.

Einer Nachbarin war das halbgeöffnete Rollo aufgefallen. Sie alarmierte die Polizei. Und diese nahm den Einbrecher fest. Er habe erklärt, dass er mit mir im Briefverkehr stehe. Alle Gefängnisinsassen wüssten dies, denn in der Vollzugsanstalt wanderten meine Briefe von Hand zu Hand.

Er musste es als sein natürliches Recht betrachtet haben, am Ort, wo die Briefe an ihn verfasst wurden, auch Unterkunft zu finden. Bei Abwesenheit der Schriftstellerin. In einer Zeit, da Kleinkriminelle es auf Einfamilienhäuser absahen. Er fand, ich bedürfe des männlichen Schutzes.

Bei der Rückkehr ins Gefängnis schlugen ihn die Mitgefangenen blau und grün. Dass er bei der freundlichen Briefschreiberin eingebrochen war, verletzte die Ehre aller Gefangenen.

Noch immer verkehrte ich im früheren Freundeskreis. Dass ich Schriftstellerin sein wollte und nach der Trennung von meinem Mann nicht nach einer Festanstellung bei der Bank Ausschau hielt, fanden einige unseriös. Wovon ich denn um Gotteswillen leben wolle? Von Gedichten? Davon wird niemand satt.

Bedenklich sei außerdem, dass ich der Gruppe Olten angehöre.

Ich war verblüfft. »Warum?«, wollte ich wissen.

Der Älteste im Freundeskreis erklärte es mir. Er schätze diese als Verschwörer-Gruppe ein. Er warne mich davor.

»Es ist der Berufsverband für Autoren.«

Er ließ dies nicht gelten. »Du sitzt auf einem hohen Ross. Die Welt der Kultur, das ist die Welt der Träumer und Spinner, die nicht mit sich fertig werden.«

Ich überlegte, wie schwierig es für mich gewesen war, mir ein Literatur-Fundament zu schaffen. Wie ich mich vorangetastet habe. Welche Ängste ich ausstand. Wie ich mir zuredete. Welchen Mut ich aufbringen musste, um neben so vielen guten Autoren zu bestehen.

Es war Zeit, sich auch von früheren Bekannten zu trennen. Freunde kommen, Freunde gehen. Der Mensch dreht sich wie in einer Spieluhr von den einen weg, den anderen zu.

Ich traf mich mit einem Schulfreund. In ihm sah ich einen freundlichen Riesen, der es mit der geringsten Anstrengung schafft, ein bequemes und sorgenfreies Leben zu führen. Er gab zehn Schulstunden in der Woche. Die übrige Zeit spielte er Klavier, fischte und durchpflügte mit dem Boot und einigen Bikinimädchen an Deck den See. Am Dienstag und Donnerstag amüsierte er sich über seinen Kollegen, der vor Unterrichtsbeginn mit einem Klistier auf der Toilette verschwand. Die Samstagabende verbrachte er in einem Sessel des Theaterfoyers und las alle Zeitungen.

»Ein gutes Leben«, gab er zu. »Und Du?«

»Mein Tag ist mit Schreiben ausgefüllt. Wenn ich ein Buch abschließe, wasche ich meine Hände. Mir blickt das zufriedene Gesicht einer Frau entgegen, die von einem abenteuerlichen Liebeserlebnis zurückkehrt. Was will ich mehr?«

Er fand, ich hätte eine stärkere Erlebnisfähigkeit als seine Frau. Er erinnerte sich an den Wintertag, da ich ein Loblied auf den Eisregen sang, während seine Frau über blaue Flecken jammerte.

»Du hast an diesem Katastrophentag als einzige meiner Bekannten nicht die vergletscherten Fahrbahnen geschildert, sondern die glitzernden Eisskulpturen der Bäume.«

»Ich musste auch nicht mit dem Auto zur Arbeit fahren.«

Nach einigen Überlegungen legte er den Kopf auf meine Schulter, krallte sich in den Kragen und erstickte einen Laut der Verzweiflung im Stoff.

»Hinter mir liegt nichts, auf das ich mit Stolz zurückblicken kann. Vor mir liegt nichts, worauf ich mich freuen kann. Nach Überqueren eines Gehsteigs ist meine Frau außer Atem, verlangt nach einem Kännchen Kakao im nächstbesten Restaurant und sinkt in einen Polstersessel. Welche Hoffnung könnte ich an meine Zukunft knüpfen? Alter, Gebrechen, Schwerfälligkeit und Tod. Ach, mein einziges kurzes Leben: ein Blindgänger, ein Rohrkrepierer. Ein wenig Lärm. Aus und futsch!«

»Willst du den Kopfsprung ins Ungewisse wagen?«

Innerlich bereite er sich auf die Veränderung vor, positioniere beide Füße am Rand des Sprungbretts, schwinge seine gestreckten Arme über den Kopf und straffe alle seine Muskeln zum großen Absprung, um dann aber mit einem gequälten Ächzen in sich zusammen zu sacken. Diese Mutlosigkeit treibe ihn zur Verzweiflung.

»Ich möchte etwas tun. Etwas Richtiges. Etwas Anderes. So wie du!«

»Ein Werk schaffen?«

»Ist es schwierig?«

»Nicht so einfach, aber auch nicht unmöglich.«

Er sah mir in die Augen. Sein Kopf sank vornüber und er krallte sich wieder in meinen Kragen.

»Ich bin zu erschöpft.«

Ein Unbekannter schreckte mich mit nächtlichen Anrufen. Und der fleißigste aller Briefschreiber übermittelte mir täglich Post. Manchmal steckten von ihm auch zwei Briefe in meinem Kasten. Er nannte mich: ›Mein Holderenköpflein‹ und unterschrieb mit dem Namen Axman.

Ich nahm mit Freude eine Lese-Einladung nach Österreich an. Als das Flugzeug abhob, atmete ich auf. Beim Betreten des Hotelzimmers in Salzburg erwartete mich dort bereits die Grußbotschaft ans ›Holderenköpflein‹. Wie war der Axman an diese Adresse gekommen? Ich hatte nur Dolly Esquiero von der Lesung erzählt. Er musste einen Kanal für Kulturmitteilungen ausfindig gemacht haben. Sein Brief setzte mich in Kenntnis, dass er die Lesetournee nach Wien und Graz begleite. Er besteige denselben Zug, wohne im selben Hotel. »Ich folge meinem Holderenköpflein auf Schritt und Tritt« Während der Lesung sitze er still in einer Ecke, verpasse aber keinen Laut, keine Gefühlsaufwallung und kein Anzeichen von Müdigkeit.

Es schien nirgendwo einen Fluchtort zu geben.

Immer wenn ich am Überlegen war, klingelte mein Telefon oder der Postbote kam oder ein Nachbar entdeckte mich am Fenster und gab Zeichen, um mir etwas mitzuteilen. Ich war da. Im Glashaus. Weithin sichtbar. Scheinbar unbeschäftigt. Mich vermutlich langweilend.

Nur Besucher von auswärts stellten ihr Auto auf den Platz vor dem Haus. Wer das Dorf und die Bewohner kannte, parkte im Wald. Er war nicht weit entfernt, es gab verborgene Wege und man konnte ungesehen an der Tür meines Hauses klingeln, um sich ein Buch signieren zu lassen. Wer aber das Innere betrat, nahm in Kauf, im Glashaus beobachtet zu werden. Männliche Besucher galten als Liebhaber. Weibliche Besucherinnen als Lesben. Das Verhalten einer alleinstehenden Frau wurde einer strengeren Moral unterstellt, als dasjenige eines Junggesellen.

Ich erinnere mich ans Gespräch mit einem Besucher, der sich nicht ums Gerede sorgte. »Ich stehe darüber.«

Er bedauerte meine Scheidung, kenne aber einige Leute, die hofften, dass dieser Schlag mir den Kopf zurechtsetze. Jetzt sei man Zeuge, dass es mir sogar besser gehe. Ich sei weder hässlicher geworden, noch einsamer. Im Gegenteil, die Gesellschaft hat mich nicht ausgestoßen, meine Publizität sei gewachsen und auch die Achtung, mit der Zeitungen meinen Namen erwähnen. Er sei Zeuge, dass ich regelrecht aufblühe.

Die Welt dreht sich. Sie verändert sich zum Guten wie zum Schlechten.

Frauen tauchten im Parlament auf und fochten ihre Anliegen durch. Sie erlebten viel Zustimmung, aber auch vernichtende Urteile. Falls es je eine Schonzeit gegeben hatte, dann war diese vorbei.

Gegen Ende der 1970er Jahre erweiterte sich das Themenspektrum der Proteste. Ging es bis dahin in erster Linie um die Gefahr für Mensch und Umwelt durch den sogenannten GAU (größter anzunehmender Unfall eines Kernkraftwerkes), rückte nun der anfallende Atommüll und seine Lagerung, beziehungsweise die Wiederaufarbeitung ins Zentrum der Anti-Atomkraft-Proteste. In der Nacht des 26. April 1986 ereignete sich im Atomkraftwerk Tschernobyl der weltweit schwerste Unfall in der zivilen Nutzung der Atomenergie. Die Furcht vor der Verstrahlung war greifbar und besetzte die Nachrichten in allen Medien.

Ich war am Rezitieren des Dialogs meines Hörspiels, als ein Motorrad den Hang hinauf ratterte. Alle paar Sekunden explodierte die Fehlzündung. Der Fahrer trug keinen Helm, dafür eine riesige grasgrüne Schmetterlingsbrille. Die Kopfmitte zierte eine Irokesenborste. Der orangerote Kamm wuselte leise im Fahrtwind. Er wurde von den Armen seiner in Leder gehüllten Beifahrerin umschlungen. Vor meinem Haus machte das Motorrad eine enge Schlaufe und kam zum Stillstand. Die Beifahrerin kletterte nicht vom Soziussitz und nahm auch den Helm nicht ab. Auf ihrem federnden Sitz wies sie zum Gebüsch, aus dem einmal geschossen worden war. Niemand außer Ypsilon konnte davon wissen. Das Visier neigte sich zum orangen Kamm, sie schien den Fahrer zu beschwören. Dann stieß sie ihren behelmten Kopf einige Male in die Richtung meines Fensters. ›Hier wohnt sie. Am Fenster steht sie.‹

Ich habe keine Ahnung, welche Verwünschungen einer Kriegerin am Ort der Niederlage einfallen. Dieses Mädchen handelte irrational. Oder hat sie den Mann ihrer Träume gebeten, ihr das Schießen beizubringen? Als sie beschloss, seine Ehefrau abzuknallen, hat sie ihn da um Erlaubnis gefragt? Sie nahm einen verzitterten Schuss in Kauf.

Der Fahrer wandte mir seine grasgrüne Sonnenbrille zu. Er nickte bedeutungsvoll die Länge des Einfamilienhauses ab. Als messe er daran die charakterliche Qualifikation der Bewohnerin. Ich muss ihm als der letzte Dreck erschienen sein, denn er streckte den Mittelfinger senkrecht in die Luft.

Ich zog mich vom Fenster zurück. Bald darauf war das Knattern und Explodieren des wegfahrenden Motorrads nur noch aus der Ferne zu hören.

Ich mag Klarheit, Übersicht und Ordnung. Im Büchergestell finde ich die Autoren in alphabetischer Reihenfolge. Im Computer gibt es Listen, Unterlisten und Unterunterlisten. Meine Kleider und Schuhe sind nach Farben und Saison geordnet. Mit einem Griff finde ich das Gesuchte.

Doch ich bin unendlich angezogen von allem Wilden, Chaotischen und Unberechenbaren. Darum gefällt mir Dolly Esquiero. Sie ist für jede Überraschung gut. Mit einem Pfiff durch zwei Finger gebot sie, mich im Städtchen nach ihr zu drehen. Von Ferne sah ich einen grellorangen Klecks auf dem steingrauen Pflaster. An diesem Tag trug sie einen goldbedruckten Sarong. Ihren Haarschopf umschlang ein oranger Schleier. Sie sah aus, als käme sie aus Indien. Der gellende Pfiff hatte die Bewohner aufgeschreckt. Man öffnete Fenster, Köpfe beugten sich über Topfblumen und Hunde bellten. Dolly wurde wahrgenommen. Sie hob die Arme über den verschleierten Kopf und kreuzte die Hände, als wären es die Schwingen eines Vogels. Ein Dutzend Goldringe klirrten zu den Ellbogen. Sie schien mein Anstürmen zu erwarten, denn sie stand einfach da. Und wartete. Eine glänzende, schimmernde Statue.

Natürlich setzte ich den Weg zu meinem Schreibtisch nicht fort, sondern ging zu der indischen Figur mit dem Flattervogel auf dem Kopf. Sie hatte kein Ziel und wollte keine Einkäufe machen. Nur herumgehen. Es gab keinen Grund, warum sie in diesem fremdländischen Aufzug in die Stadt gekommen war. Sie trage dieses exotische Zeug gerne zu Hause, bei Ankündigung von Besuch.

»Du bist eine Sirene mit schillernder Schuppenhaut.« In Sandalen trippelte sie in der eng geschlungenen Robe neben mir her und lachte. Sie war viele Wesen. Einmal eine Sirene, einmal eine Gipfelstürmerin, einmal ein Schlangenmensch. Gestern machte sie einen Hundeschlitten-Treck. Vorgestern sprang sie über eine Gletscherspalte. Sie war an jedem einzelnen Tag eine Eroberin.

Ihre Trippelschrittchen wurden kürzer. Sie blieb plötzlich stehen und spielte mit ihrem Schleier. Ich begriff, dass sich Dolly wieder einmal in einer schwierigen Phase befand. Sie hatte Besuch von einem unglücklichen Mann, dessen Frau täglich das Hohelied auf ihre Altersliebe zwitschere. ›Wir hötterlen Hand in Hand und machen es uns gemütlich.‹

Der Mann sei mit einem Entsetzensschrei aufgesprungen, habe die Koffer gepackt und den Zündschlüssel gedreht. Keinen Tag wollte er länger bleiben, sondern seine Zukunft mit der Geliebten verbringen.

»Ich bin ein Ferrari«, schrie er. Sie, seine Frau, sei ein VW-Käfer.

Jetzt sei dieser Ferrari in Dolly Esquieros Wohnung. Er sei gekommen, um zu bleiben. Dolly rannte in den Kleidern fort, die sie gerade trug.

»Ein Glück, Dich jetzt im Städtchen anzutreffen.« Wir setzten uns auf eine Bank und redeten. Uns fielen einige Männer ein, die alles aufgeben wollten. War es ein Trend? Sie trotten jahrelang in derselben Fahrbahn und beim Gedanken dabei das köstliche, pralle Leben zu verpassen, geraten sie in Panik. Ihr Alltag bietet ihnen Sicherheit, aber keine Abenteuer. Sie vermissen Herzflattern und Aufregungen. Ihnen fehlen all diese Kopflosigkeiten, die dem Alltag die Würze geben. Sie schlagen sich mit Versicherungen, Verwandten und Erbansprüchen herum. Plötzlich hängen sie Beruf, Wohnort, Freunde, Verträge an den Nagel und übersiedeln allein oder mit ihrer Frau in ein anderes Land.

Dolly erinnerte sich an einen dieser Abschiede für immer. Es gab eine große Feier. Für Jahre hörte sie nichts von den Aussteigern. Plötzlich begegnete sie dem Paar beim Schaufensterbummel. Es überschüttete Dolly mit Erklärungen über sein Fiasko. Die Aufbaupläne wurden von Einheimischen abgeschmettert. Das Paar verstand die Regeln dort nicht, wohl auch die Menschen nicht. Und verlor das investierte Geld.

Dolly beruhigte sich. Sie wurde wieder zuversichtlich.

Ich erzählte ihr vom grotesken Leben des freundlichen Riesen, das sich zwischen Klavier, Mahagoniboot, Theaterfoyer und Schülerpulten abspielt. Er ist mit einer Frau verheiratet, mit der er nicht um den Block gehen kann, ohne dass sie einen Zwischenhalt im Café machen will. Er überlegt, wie er sein Leben verändern kann. Sofern er dazu die Kraft und den Elan besäße. Er wartet noch heute auf ein Wunder.

In einer Partnerschaft zu leben sei nicht einfach, fand Dolly und überlegte, dass sich unsere lockeren Partnerbeziehungen eigentlich in der Architektur abzeichnen sollten. Zwei

Küchen pro Haus, zwei Eingänge, zwei Schlafzimmer und schalldichte Wände, die zwei Geheimnisse wahren. Die steigenden Baukosten verhindern aber Partnerhäuser. Mietwohnungen kommen den loseren Beziehungen eher entgegen, bei Auflösung der Partnerschaft dauert die Kündigungszeit nur ein Vierteljahr.

Dolly schwang sich in ihr Auto und brauste nach Hause, um dem Aussteiger den Verbleib in ihrer Wohnung auszureden.

Ich hänge gern Gedanken nach. Barfuß-Spaziergänge durch den Garten inspirieren mich. Der warme Grasboden und das Kitzeln der Halme wirbeln Bilder auf, die ich in die Bibliothek des Wissens einzuordnen versuche.

»Sammle, Kind!«, sagte mein Großvater und klopfte mit den Fingerknöcheln auf meinen Scheitel. »Es gibt viel Platz in deinem Kopf. Aber es gibt auch ein Gespür. Achte auf dein Gespür. Es zu unterdrücken, bringt Unglück.«

Ich war noch ein Kind. Doch ich habe diese Ermahnung nicht vergessen.

Habe ich ›Gespür‹?

Diese Frage stellte ich mir, als Dolly erzählte, dass die Wirtin des nahen Gasthauses sich in einem meiner Romane erkannt habe. »Sie hält sich für die Wirtin aus dem Buch ›MUSCHELGARTEN‹.«

Ich war verblüfft. Vor einem Jahr hatte mir jemand von einer Wirtin erzählt, die sich mit Vorliebe ins große weite Nachthemd ihrer überaus tüchtigen Schwägerin einmummelt. Offenbar fühlte die Wirtin sich in der Weite dieses Hemds geborgen, unverletzlich, stark, tüchtig und über alle Anfechtungen erhaben. Es war nur ein Satz, doch er löste die

Idee zu einer Geschichte aus. Ich bin der jungen Wirtin nie begegnet, fing aber an, aus Splittern, gar Pünktchen einen Roman zu erarbeiten. Die Wirtin wurde zu meinem Geschöpf, dem ich ein Gesicht und einen Namen gab. Und ich arbeitete die passende Kulisse aus. Dann setzte ich meine Schöpfung auf einen Spielteller und ließ sie im Kreis drehen.

Ein Roman ist keine gesicherte Biografie. Er ist die inszenierte Hinsicht auf die wichtigste und dramatischste Phase im Leben einer Figur. Darum war ich überrascht, dass die Wirtin von ihrem Lese-Erlebnis so ergriffen war und darüber berichtete. Sie wollte im Roman sogar ihre Beziehung zur Schwägerin in allen Einzelheiten exakt erkannt haben.

»Genauso wie im Roman hat sich alles abgespielt. Ich hätte es selbst nicht genauer schildern können«.

Ich fuhr mit meinem Flitzer zur Bar, in der diese Frau jeden Abend hinter der Theke die Gäste bediente. Ich, die nie auf einem Barhocker sitze, verbrachte dort den Abend. Es war ein seltsames Gefühl, diese Person zu beobachten, die ich nun während zwei Jahren durch meinen Roman begleitet hatte. Ich habe meiner Figur mit meinen Worten und Sätzen Leben eingehaucht, lotete jede Regung, jeden Gedanken, jeden Traum aus und begleitete sie durch das Wellental von ihrem Schicksal.

Nun stand sie in Fleisch und Blut vor mir, hantierte mit einem Mixbecher, entkorkte, goss Gläser voll, flirtete mit Gästen und räumte die Theke ab. Ich verfolgte ihr Mienenspiel, ihre Bewegungen, atmete den Alkoholduft, der sie umgab. Ich spürte plötzlich, wie fremd und bedeutungslos mir diese Person in Wahrheit ist. Dass ich nur meine Schöpfung mit jeder Faser liebte. Abrupt warf ich die Münzen auf die Theke und verließ das Lokal.

Zu Hause erwartete mich ein Anruf des deutschen Dichters Walter Helmut Fritz. Ihm gefiel dieser Roman sehr. Er wollte ihn besprechen, denn auf jeder Seite, in jedem Satz finde er mich. Und das berühre ihn seltsam. Es sei merkwürdig, so in mir zu lesen.

Das Schreiben hatte für mich nicht mehr nur mit Talent und Technik zu tun. Da gab es auch etwas Magisches, eine Dimension, die ich nicht gesucht hatte und auch nicht verstand. Und auch bis heute nicht verstehe. Ich möchte eine Erklärung. Ich weigere mich zu glauben, was ich nicht verstehe. Trotz meiner unbegreiflichen Vorfahren und ihrem Zugang zu einem Wissen, das anderen Menschen verborgen ist. Wie konnte Großvater schon beim Ausbruch der Weltkriege ihre Dauer kennen? Wie konnte er die betroffenen Länder aufzählen? Und zwar der Reihe nach, wie der Krieg sie verwickelte.

Ich war eine Elfjährige, als er von einer Krankheit sprach, die kommen werde. »Es sterben so viele Leute, dass der Rest gerade noch eine Kapelle füllt.«

Nein, zu erklären ist das nicht.

Und die Fähigkeit ging vom Großvater auf meinen Vater über.

Ein mit mir befreundeter Bankkassier fragte bei jedem Kassenmanko meinen Vater um Rat. Dieser habe ihn immer auf den verflixten Fehler hingewiesen:

»Du hast kurz vor Schließung der Bank noch ein Währungsgeschäft getätigt. Dort liegt der Fehler.«

Ich gebe zu, dass mich diese Fähigkeit verwirrt. Sie ist vielfach belegt, doch sie versetzt mich immer von Neuem in Staunen.

Mein Bruder kehrte nach vielen Jahren aus dem Ausland zurück. Meine Eltern waren überglücklich, denn von uns beiden war mein jüngerer Bruder derjenige, der familiäre Beziehungen pflegte. Während ich, die Große, mich selten meldete.

Nun brachte er uns wieder alle zusammen. Er rief regelmäßig an und besuchte mich. Natürlich war ich ergriffen, denn so viel Zuneigung war ich nicht gewohnt. Endlich wussten meine Eltern, ob ich zu Hause bin oder an einem anderen Punkt auf der riesigen Welt. Sie schlugen zwar nicht den Atlas auf, um diesen Punkt zu suchen, aber es beruhigte sie, zu wissen, dass es mich dort gab. Die Fröhlichkeit von Max steckte alle an, er war schlagfertig, hatte brillante Ideen und auf seinen Reisen durch den Fernen Osten viele ungewöhnliche Situationen erlebt. Wenn er erzählte, wurde eine unscheinbare Begebenheiten zur Pointen sicheren Anekdote. Vor allem konnte er über sich selbst lachen. Dank seiner Neugierde glaubte er, dass es auf viele Fragen eine Antwort gibt und er diese aus dem Mund der großen Schwester vernimmt.

Durch seine häufigen Kontaktaufnahmen war jedes Familienmitglied über die Höhen und Tiefen des anderen auf dem Laufenden. Ich erfuhr, dass Mutters Augen sich verschlechterten, der Vater ein letztes Mal das Hochwildpatent löste, Neffe und Nichte das vollendete Familiengebiss geerbt hatten. In jedem Brief, bei jedem Anruf fragte mich mein Bruder um Rat. Es tat mir gut zu wissen, dass er an mich, meine Fähigkeit, mein vernünftiges Abwägen und meine Erfahrung glaubte. Dies ermunterte mich, ebenfalls an mich zu glauben.

METHODEN DER AUSGRENZUNG

Mandy pflegte mich zu überfallen. Er kündigte seinen Besuch selten an. Es klingelte und er stand mit breitem Grinsen vor der Tür.

Da war er. Und ich hatte mir Zeit zu nehmen.

Er schilderte die Filmidee für seinen neuen Roman. Dafür kam nur ein Spitzenregisseur wie Federico Fellini infrage. Die Filmmusik hatte er bereits komponiert und spielte sie auf meinem Flügel.

»Der Wahnsinn! Oder?«

Zwischen zwei Besuchen passierten Komödien und Dramen. Er hatte unverschämt hohe Lesehonorare kassiert, in allerbesten Hotels logiert und so viele Persönlichkeiten kennengelernt, dass die Finger an zwei Händen nicht genügten, sie aufzuzählen. Wie Bälle warf er einige bedeutende Namen in die Luft. Ich überlegte mir, wie ich ihn dazu bringe, mein Haus zu verlassen, damit ich an meine Arbeit zurückkehren kann. Denn Disziplin half mir, im Schreibfluss zu bleiben. Er war nicht unaufmerksam, auch wenn er darüber wegzuschauen schien, dass ich auf die Uhr sah.

Er hatte Zeit für mich. Als bedeutender Autor nahm er sich Zeit. Er sah mit Bedauern auf meine fahrigen Gesten und schwang sich mit einer Drehung des Klavierschemels in meine Richtung.

»Ich werde Dich fördern!«

Er erläuterte mir seinen Plan. Weil sein Buch viel Erfolg erzielt, veranstaltet sein Verlag eine Großveranstaltung an der Buchmesse. Krethi und Plethi des internationalen Literaturbetriebs wird zur Lesung eingeladen. Er werde zum Romanthema passend einige kleine Zaubertricks vorführen. Du wirst die ganze Zeit unter dem Tisch kauern. Ein bis zum Boden reichendes Tuch wird dich verbergen. Zur Krönung der Lesung zaubere ich dich in den Lesesaal.

»Simsalabim. Und Hopp! Du springst aufs Stichwort unter dem Tisch hervor! Im Badekostüm.«

Er schritt wie ein Magier mit ausgestreckten Armen auf der Bühne umher, strich mit beiden Händen das aufgewühlte Meer des Publikums flach und zischelte dazu, um mir das Raunen zu verdeutlichen.

»Sie werden das Maul aufsperren. Sooo!»

Ich starrte in die schwarze Höhle seines Munds. Das ungläubige Staunen würde lange anhalten. Und in der hintersten Reihe des Publikums erhebt sich eine verschämte, leise Stimme, um sich zu erkundigen, wer das Zauberhäschen sei.

Margrit Schriber. Zum ersten Mal fällt in Deutschland dieser nie gehörte Name.

»Nun aber, zack, leuchtet er als fette Balkenschrift!«

»Mit diesem erbärmlichsten all deiner erbärmlichen Tricks willst du mich nach Frankfurt locken?«

Er war von meiner Reaktion überrascht. Sein Ausdruck war derjenige eines von allen Frauen der Welt unverstandenen Mannes, der es keiner recht machen kann. Schmollend setzte er den Breitrandhut auf den Kopf und warf den Schal um den Hals, da er seine Gaben in diesem Haus nur verschwendete.

Wenn es Ausgrenzungen gab, waren sie subtil. Nie direkt. Und auf keinen Fall schwarz-weiß zu belegen. Meine private Erfahrung lässt sich nicht Schweizweit übertragen. Ich war zu ungesellig und wohnte zu abgeschieden, um informiert zu sein. Am meisten Kontakt hatte ich zu Dolly und diese hielt sich nicht in literarischen Zirkeln auf. Sie kletterte im Gebirge herum und vernahm von den felsigen Krachen nur ihr eigenes Echo. Der freundliche Riese las zwar alle Zeitungen im Foyer des Theaters, aber Diskriminierung von Frauen war nicht sein Thema. Ypsilon kam nur, um dem Fehlschuss nachzutrauern oder ihrem endlosen Gesang an einer heruntergekurbelten Autoscheibe.

Aber stand ich überhaupt auf der gleichen Stufe wie ein Mann? Zur Jahrtausendwende war vorwiegend die Meinung der männlichen Berufskollegen gefragt. Sie genossen alle Achtung, hatten etwas zu sagen und wurden gehört.

Ich kam vom kaufmännischen Fach und war »s'Schriberli«. Man gab mir zärtlich dieses Diminutiv und ermutigte mich in meinem autodidaktischen Studium mit einem gütigen Schulterklopfen. Man half mir beim Tragen des Bücherpakets, war auch besorgt, dass ich vom Bahnhof zum Leselokal fand und wieder pünktlich den Zug erwischte. Man erkundigte sich anderntags, ob ich in der tiefen Nacht gut nach Hause gekommen und nicht etwa überfallen worden sei.

Eigentlich hielt man mich für eine schreibende Bankangestellte. Eines jener Mädchen, das dem Chef ein bisschen den Kopf verdreht. Dem man auch zumutet, dass es einen Verleger umsäuseln und einwickeln kann, sodass dieser, aus Verlegenheit oder gar aus Imponiergehabe, ein Manuskript unbesehen zum Druck annimmt.

Ging es anderen Autorinnen besser? Wurden sie für ihr Werk geschätzt? Oder weil man ihnen einen Frauenbonus zuteilen wollte? Und ein bisschen Belobigung ja nicht schaden kann.

Der Kritiker Charles Linsmeier äußerte die Meinung, dass ein Werk wie das meine einen ganz anderen Stellenwert hätte, wenn es von einem Mann verfasst worden wäre. Dieselbe Feststellung machte er auch bei Hanna Johansen. Er brachte es auf den Punkt: In der Schweizer Literatur kam den Frauen weniger Geltung zu. Auf dem Markt schlug sich das nieder. In den Siebziger und Achtziger Jahren waren die Romane von Schweizerfrauen an einer Hand aufzuzählen. Für diese wenigen erwies sich dies allerdings als Vorteil. Die Zuständigen für Kultur waren aufgefordert, vermehrt Frauen zur Lesung einzuladen. Ich hatte mit diesem Beruf meinen Traum verwirklicht. Aber mein Glaube, dass bei der Evaluation zur Lesung die Qualität meines Buchs den Ausschlag gebe, wurde nur allzu oft zerschmettert. Ich erlebte meine Ankündigung beim Publikum mehr als einmal als Entschuldigung, dass Kulturveranstalter halt mit der Zeit gehen müssen. Aus diesem Grund sei nun erstmals eine Schriftstellerin zu Gast.

»Wir können die Frauen nicht mehr ausschließen, aber nächstes Mal begegnen wir in diesem Saal wieder einem Schriftsteller.«

Der Schreibtisch war ein perfekter Ort des Rückzugs. Ich erlebte Abenteuer im Kopf. Konnte DIE sein oder JENE. SO oder ANDERS leben. Daneben galt es meinen gewöhnlichen Tag zu bewältigen. Die Telefonanrufe. Die Briefe. Stellungnahmen und Interviews. Die Zumutung von Stalkern und Nachbarn, die mit der Heckenschere um meine Büsche wirbelten, sobald ein Besuch in meinem Glashaus auftauchte.

Ich schrieb auch fürs Radio und mein Hörspiel zum Dilemma einer jungen Frau, die einen Schwangerschaftsabbruch erwog, wurde vom Studio Basel ausgestrahlt. Und viele Briefe von unsicheren Hörern erreichten mich.

»Auf welcher Seite soll man stehen? Auf der beklemmenden Seite der Frau? Oder auf der Seite der Moral?«

Ich fand, sie sollten selbst entscheiden. Das Hörspiel gewichtete nicht. Es lieferte Argumente, zeigte innere Kämpfe und zu erwartende Konsequenzen. Die Hörer sollten mit ihrer Vernunft, ihrem Herz und ihrem Gewissen verschiedene Aspekte abwägen und sich ihr eigenes Urteil bilden.

Der Schweizerische Gemeinnützige Frauenverein, der in den Siebziger- und Achtzigerjahren strikt gegen die Legalisierung des Schwangerschaftsabbruchs eingetreten war, sprach sich dann im Jahr 1993 für die Straflosigkeit des Schwangerschaftsabbruchs in den ersten Monaten aus.

Meine Auszeichnungen trugen mich in den Himmel. Die Geldsumme half, mich eine Weile über Wasser zu halten. Meinem Ex-Mann berichtete ich begeistert und aufgeregt, dass meine Arbeit mit einem wichtigen Preis ausgezeichnet worden sei. Ich trat einen Schritt näher, um mich aus überwältigender Freude umarmen zu lassen, doch er versteifte sich und sagte:

»Für so etwas hat unser Kanton Geld!«

Dass Menschen, von denen ich Zuspruch erwartete, erniedrigende Bemerkungen machten, zählte zu den bitteren Erfahrungen.

»Fünfmal ein Werkjahr des Kantons Aarau? Mehrere Werkpreise der Pro Helvetia? Wozu? Für deine schönen Augen. Fürs Scharwenzeln? Weil du ein Weiblein bist und diese Trumpfkarte auszuspielen verstehst?«

Ich persönlich schrieb die Würdigungen immer der Qualität meiner Arbeit zu. Nie dem Umstand, dass ich eine Frau bin. Literaten müssten dies auch so sehen, dachte ich. Aber es waren vor allem Schriftstellerkollegen, die sich abschätzig über meinen Ameisenfleiß und die Ehrungen äußerten:

»DIE wieder!«

Dolly meinte: »Wer Auszeichnungen einheimst, muss mit faulen Sprüchen rechnen. Eine Frau bezahlt immer. Für alles!«

Eifersucht gab es auch unter den männlichen Autoren. Sie äußerte sich in einer heftigen Explosion, einer Rempelei oder als theatralischer Akt. Diese Ausbrüche fegten wie ein Lauffeuer durch literarische Kreise. Wenn die Eifersucht sich auf Frauen bezog, zeigte diese sich etwas subtiler. Man belächelte sie, verwuschelte ihnen väterlich den Kopf oder heftete ein abwertendes Prädikat an ihre Fersen. Die ›Unbefriedigte Emanze‹ müsste einmal von einem Mann so richtig drangenommen werden.

Auch die Verlegerin Renate Nagel musste feststellen, dass Männer eine gewisse Rangordnung brauchen, wenn sie sich in einer Gruppe bewegen. Ihre Autorinnen eilten mit Freude zu einer Einladung des Verlags. Die Autoren aber wollten zuerst wissen, wer an diesem Fest teilnimmt. Danach wogen sie ab, ob der Besuch dieser Einladung sich lohnt. Frauen seien unkomplizierter, fand sie.

Ich lernte, mich allein über einen Erfolg zu freuen. Allein einen Misserfolg zu verkraften. Im Stillen. Hörte mir die Ratschläge von Autoren zwar an, respektierte ihre Meinung, doch beim Schreiben schaute ich weder nach links noch rechts.

Wenn die Idee für ein Buch im Kopf aufflammt, gibt es kein Überlegen. Ich knie mich in die Arbeit, hole meinen Zauberstrauß aus dem Nichts und hoffe, dass er sich im Kopf von Lesern zur erlebbaren Wirklichkeit entfaltet.

Dolly fand: »Cara, Du bist wie ich. Wir sind privilegiert. In uns brennt ein Feuer. Wir suchen die große Liebe. Schwingen voll Lust die Beine aus dem Bett.«

»Ewigverliebte wie Robert Walser.«

Dolly kannte ihn nicht. Doch die Bezeichnung *Ewigverliebte* gefiel ihr. Sie sagte:

»Du vagierst durch die Fantasie und treibst deine Figuren durch ihr Schicksal ans Ende des Romans. Während ich über einen senkrecht abfallenden Grat klettere, um ein Viertelstündchen auf dem Gipfel zu stehen.«

»Warum, Dolly?«

»Ja, warum eigentlich? Wohl, weil dies ein verdammt gutes, ein berauschendes Gefühl ist. Ich bin am Punkt aller Punkte angekommen und spüre das Prickeln von grenzenloser Freiheit. Dies gibt mir Kraft, um eine neue Herausforderung in Angriff zu nehmen.«

Ich erlebe die Schreibarbeit ähnlich. Sobald ein Text beendet ist, löst sich die Spannung. Ich atme durch. Eine wilde Freude füllt mich aus. Danach spüre ich eine Ruhe, wie ich sie sonst nie erlebe. Einige Zeit wandere ich an den Schaufenstern entlang, entrümple die Fächer in den Schränken, beobachte den Spielplatz von meinem Balkon aus, lese. Nach Tagen oder Wochen langweile ich mich. Der nächste Roman wartet. Meine Gedanken kreisen um Ideen. Jeder neue Roman ist eine neue Liebe. Meine Treulosigkeit treibt mich von Buch zu Buch. Dies erhält mich frisch.

Mandy gehörte einer Jury an, die Erstlingswerke von jungen Autoren auszeichnete. Dieser Preis wurde einmal im Jahr verliehen. Um Mitternacht rief er mich an. Er werde sich als Juror für die Verleihung des diesjährigen Preises für mein Buch einsetzen. Einzige Bedingung: Ich müsste ihm mein Manuskript noch in dieser Nacht bringen, denn die Werkeingabe laufe ab.

»Eine merkwürdige Zeit«, sagte ich. »Ist deine Frau zu Hause?«

Natürlich war sie das nicht. Außerdem war mein Erstlingswerk schon vor Jahren erschienen und ich arbeitete an den Folgewerken. Ich sagte, dass ich die Bedingungen der Preisstifter nicht erfülle. Er wurde ärgerlich.

»Du kommst! Oder verzichtest auf den Preis! Deine Wahl.«

Meine Absage machte ihn wütend. Er las mir die Leviten. Ich sei für ihn die pure Enttäuschung.

»Man versucht dich zu fördern, aber du bist nicht die Bohne an deiner literarischen Karriere interessiert.«

Von nun an krümme er keinen Finger mehr für mich. Auch seine Kritikerfreunde nicht. Veröffentlichungen in der Zeitung, für die er arbeitet, könne ich vergessen. Man wird meinen Namen nie wieder erwähnen.

Ich nahm diese Drohung nicht ernst. Vielleicht ein Fehler. Denn ein Artikel, den ich kurz danach im Auftrag dieser Zeitung verfasste, wurde angenommen, dann aber nie veröffentlicht.

Lesungen waren wunderbare Gelegenheiten, andere Leute zu treffen. Meistens hatten die Besucher der Veranstaltung bereits etwas gelesen. Nun der Verfasserin zu begegnen, ihre Stimme zu vernehmen und ihren Gesichtsausdruck beim Lesen zu erleben, ließ eine besondere Art der Vertrautheit entstehen. Manche Besucher öffneten sich und erzählten mir aus ihrem Leben. Das Anvertraute versetzte mich oft in Erstaunen und ich verließ die Lesung aufgewühlt, aber auch überwältigt von der Nähe, die andere Menschen mich einige Herzschläge lang spüren ließen.

Ich erinnere mich an eine Lesung in der Innerschweiz. Nach meinem Vortrag in der Aula des Kollegiums Schwyz wartete ein Student auf mich und lobte die vorgelesene Geschichte. Von der verloren wirkenden Frauenfigur war er besonders beeindruckt. Ich dankte und wollte gehen. Er stellte sich mir in den Weg.

»Ihnen wird aufgefallen sein, dass ich älter bin als die anderen. Ich bin achtzehn.«Er nahm mich am Ärmel beiseite. »Natürlich habe ich bemerkt, dass Sie ein Problem mit den Männern haben. Ihr Bild ist schief.«

Darauf war ich nicht gefasst. Ich lächelte und wandte mich zur Tür. Er sagte: »Ich bringe Sie selbstverständlich zum Bahnhof. Ich habe die Fahrprüfung gemacht. Pas Wagen steht draußen.«

Auf dem Parkplatz öffnete er den Schlag eines Amerikaners. Am Bahnhof bestand er darauf, mit mir auf dem Perron zu warten. Als der Zug avisiert wurde, verfiel er ins Grübeln. Plötzlich nahm er meine Hand und schaute mir in die Augen.

»In Zukunft werde ich Sie zu allen Lesungen fahren. Sei es Tag oder Nacht. Sei es in der Schweiz oder im Ausland. Ein Anruf genügt. In Pas Wagen fahre ich Sie überall hin!«

Lachend meinte ich, er würde dabei seinen Schulabschluss verpassen. Er wehrte diesen Einwand ab. Nein, die Schule gebe er auf.

»Nichts ist so wichtig wie das Leben!«

Am allerwichtigsten aber schien ihm, mein schiefes Bild von den Männern zurechtzurücken.

»Sie rufen doch an!« Er lief neben dem fahrenden Zug her. Noch heute sehe ich den jungen Mann rennen, die Hand winkend in der Luft.

Besuche von Maturanden empfand ich immer als Bereicherung. Ich saß gern jungen Menschen gegenüber, die an ihrer Hoffnung arbeiteten.

Ein Gymnasiast aus Bern hatte für die Prüfung in Literatur das Thema gewählt: ›Margrit Schriber. Leben und Werk‹. Dies überraschte mich.

»Was wirst du sagen?«

Er meinte kleinlaut, genau darauf würde er jetzt von mir eine Antwort erwarten. Meine Ausführungen stellten ihn zufrieden. Er schaute mich von der Seite an und meinte: »Sie sind ebenso alt wie meine Mutter. Aber so ganz anders. Interessanter. Kein Vergleich.«

Drei Mädchen brachten ihre Hefte mit und machten eifrig Notizen. Beim Abschied wollten sie mir ein Geschenk machen, waren aber unsicher, das passende zu finden. Sie sahen den Flügel und fragten, ob ich spiele. »Nein, ich kann es nicht.« Sie leuchteten auf. Alle drei waren Klavierspielerinnen. Sie anerboten sich, mir das Spiel beizubringen.

Eine Dreizehnjährige bat mich um ein Interview.

»Ist es recht, wenn ich dich duze? Du tust es ja auch!«

Sie sagte dies so trotzig, dass mir klar war, sie würde kein

Nein dulden. Das Mädchen hatte die Angewohnheit, beim Entwickeln seiner Sätze einen Rückwärtsschritt zu machen, sodass ich einen Schritt nach vorn machen musste. Noch einen und noch einen Schritt, bis es hinter einem Stuhl in Deckung gehen konnte. Mit Kennermiene schaute es die Bücherrücken im Bibliotheksregal an, nannte einige Namen, machte wieder einen Schritt zurück und nickte. Es schien sich in der Biografie einiger Schriftsteller auszukennen, schlug ein liniertes Heft auf und klopfte den Kugelschreiber mit zwei Schlägen auf die Handkante, damit der Stift herausspringe. Endlich war es bereit, mir Fragen zu stellen. Es machte seine Notiz ins Heft, ohne auch nur einen Laut aus meinem Mund abzuwarten. Als ich zu formulieren begann, schob es unwillig den Mund vor und musterte mich, weil ich die falsche Antwort gab und mich also von anderen Autoren unterschied.

Der Ausdruck von Groll in seinem Gesicht zeigte, dass dieses Mädchen auf keinen Fall eine vom Allgemeinbild abweichende Auskunft duldet. Es packte überstürzt den Stift in sein Etui und verabschiedete sich. Ein Klosterschüler von Einsiedeln musste eine Matura-Arbeit über mich verfassen. Offensichtlich war er dazu verknurrt worden. Diese Autorin machte ihn ratlos und ärgerlich. Es gab viel zu wenig Material. Darum schickte er seine Arbeit an die Redaktion einer Zeitung. Dort sollte man im Archiv nach dem Namen forschen. Er hoffte, sie fänden die Spur eines Artikels oder wenigstens eine Geburtsanzeige. Doch die Zeitung leitete die Matura-Arbeit an mich.

Sein Text war mager, lieblos und zeigte, dass sein Verfasser nicht die leiseste Ahnung von Literatur hat. Mit Verweis auf ein literarisches Lexikon schickte ich den Text mit freundlichen Grüßen an den Verfasser zurück. Die Mutter des Maturanden rief mich an. Sie erklärte, dass Schweizer Schriftsteller für die Prüfungsaufgaben verlost worden seien. Jeder Schüler zog einen Zettel mit einem anderen Namen. Es habe interessante und gute Schriftsteller darunter gehabt. Aber ihr Sohn sei leider nicht der schnellste Schüler, nur noch der Zettel mit dem Namen ›Margrit Schriber‹ sei übriggeblieben. Leider!

»Sie sind eine namenlose Schriftstellerin. Wieso stand Ihr Name überhaupt im Fach Literatur zur Wahl?«

Grußlos hing die Mutter den Hörer ein.

Heute kann ich über solche Erfahrungen lachen. Sie gehören in die Erinnerungsschublade ›Tiefschläge‹. Es gibt aber auch ein Fach ›Aufsteller‹. Dort lagern Ermunterungen von Lesern, Buchhändlern und Kritikern. Ich fand Buchgeschenke oder Blumen oder Süßigkeiten vor meiner Tür, wenn ich nach draußen ging, um frische Luft zu atmen oder spät in der Nacht erschöpft von einer Lesung zurückkehrte. Solche Überraschungen verwandelten meine Müdigkeit in Freude. Für eine in der Stille Werkelnde sind es köstliche und einzigartige Höhenflüge.

Meine Nachbarn gerieten in Aufregung, als ein Langholzwagen den Hang heraufkeuchte und vor meinem Haus stehen blieb. Der Traktorfahrer klingelte, doch ich war nicht zu Hause.

»Abladen? Aber wo? Mit dem Holz in den Wald zurückfahren?«

Die Nachbarn zuckten ratlos die Schultern. Der Fahrer schichtete einen Teil der Ladung an meine Hauswand. Mit dem Rest tuckerte er davon. Ich fand eine Karte im Briefkasten: ›Damit mein Holderenköpflein nie mehr kalte Füße hat. Gruß Axman‹.

Ich hatte mich wenige Tage zuvor im Radio über die Kälte in meinem Haus beklagt und berichtet, dass ich meine Romane mit der Bettflasche unter den Füßen verfasse.

Meine Mutter besuchte eine Laudatio für meinen Literaturpreis. Sie hatte noch nie an solch einer Veranstaltung teilgenommen. Die Generalversammlung ihrer Krankenkasse war der wichtigste Anlass, den sie in ihrem Leben besucht hatte. Sie trug ein Schleierhütchen, ein dunkelblaues Tupfen-Kleid und ihre winzige Klapptasche pendelte an der Armbeuge. Sie wollte mir zuliebe hübsch sein. Am Ehrenessen wollte sie nicht teilnehmen. Als ich sie einigen Leuten vorstellen wollte, drückte sie sich fort.

»Überlege, Kind! Das sind doch Doktoren, Lehrer, gescheite Leute. Dagegen unsereiner! Man ist doch nichts. Ich bin die Mutter, ja, aber eine ganz einfache, dazu noch schlechte Mutter.«

Sie versteckte sich in der Menge. War nur meinetwegen in die Stadt gekommen. Weil ich sie darum bat und meine Mutter alles tat, worum ich sie bat. Insgeheim war sie nicht sicher, ob die Laudatio nicht ein Missverständnis sei, denn in ihrer Familie hat es nie eine preiswürdige Person gegeben. Obwohl ihr Kind nicht dumm war. Aber eine Preisverleihung? Vor ein paar Wochen zerriss eine Zeitung das Buch und bescherte Mutter schlaflose Nächte.

»Denk dir, alle Nachbarn haben den Artikel des Schmierfinks gelesen!«

Der Saal füllte sich. Mutter setzte sich im Hintergrund auf die Kante eines Stuhls. Sicher kämpfte sie mit dem Zwiespalt, ob dieser Platz nicht zu weit entfernt ist, um mich zu retten, wenn ich auf dem Podium in eine missliche Lage geriete. Denn sie besaß den starken Impuls, ihr kleines Mädchen vor dem geringsten Angriff zu beschützen.

In der Laudatio wurde mein Roman gerühmt. Ich bemerkte, wie Mutter den Hals verrenkte, um mir von Ferne aufmunternd zuzunicken. Sie muss meine Arbeit auf einen Schlag mit veränderten Augen betrachtet haben. Ihr Mädchen war nicht übel! Nach der Lesung hing sie sich in meinen Arm. Ihre Wangen waren gerötet und die Augen glänzten. Meine Lesung habe sie gut verstanden, ich hätte deutlich und charmant gelesen, hätte das Publikum immer wieder angeschaut. Zum ersten Mal im Leben musste sie sich für mein Schreiben nicht schämen. Sie war sogar ein wenig stolz und entschuldigte sich, dass sie kein Geschenk mitgebracht habe. Zum Ehrenessen wollte sie nicht erscheinen und zog sich sofort zurück, als mich Leute bedrängten.

Wir trennten uns am Bahnhof und fuhren in entgegengesetzte Richtungen.

RAUER WIND

Das Publikum meiner Lesungen bestand überwiegend aus Frauen. Sie fühlten sich solidarisch mit einer Schriftstellerin. Beim persönlichen Gespräch wurde ich manchmal als ›Schwester‹ angeredet. Die meisten Veranstalter wünschten eine Diskussion nach der Lesung. Diese war immer lebhaft. Das Publikum mischte sich gern ins Gespräch. Vielleicht war die Diskussion sogar der Grund zum Besuch von einer Literatur-Veranstaltung. Man konnte den eigenen Standpunkt darstellen.

Der Ton der Diskussionen wurde nach den Achtzigerjahren zunehmend rauer. Im Gegensatz zu heute, da kaum je das Wort ergriffen wird. Manche Lesungen arteten in eine Gerichtsverhandlung über den Buchinhalt aus. Ich war die Angeklagte und musste mich verteidigen.

»Die Welt zu verändern, mute ich mir nicht zu«, ich gestand dies ein. »Aber ich will genau hinsehen. Wissen, wer wir sind, wie wir sind, wie wir unser Leben meistern. Ich lasse mich inspirieren von meinem Tag. Es gibt so viel, das uns aufjubeln und zu ungeahnten Höhenflügen aufschwingen lässt. Und es gibt tausend Möglichkeiten zu scheitern. In meinen Texten erzähle ich davon. Vom Lebensweg des Menschen. Seinem Mut, der Kraft, der Befähigung zu Großem, seinen Beziehungen, auch von den Grenzen.«

Ich diskutiere gern über meine Arbeit. Mein In-mich-Horchen und Aus-mir-Herausholen, mein Formen. Aber beim Thema Politik, da fühle ich mich überfordert. Mir fehlen das Wissen, der breite Überblick und die Selbstsicherheit. Mich packt dann Prüfungsangst. Sie kommt nicht von ungefähr. Ein Professor der Literatur schoss einmal mit der erniedrigenden Frage aus dem verdunkelten Lesesaal, ob mir mein Text passiere oder ob ich ihn mit Absicht verpatze.

Die Antwort auf seine Frage erforderte lediglich mein ›Ja‹ oder mein ›Nein‹. Im ersten Fall hätte ich zugegeben, dass ich denkunfähig bin und dahinfabuliere, wie es gerade kommt. Im zweiten Fall hätte ich zugegeben, dass ich zwar denken kann, dies aber innerhalb des Rahmens meines sehr begrenzten Talents.

Ich wich in eine ungenaue Antwort aus.

Dollys Augen funkelten, als ich es ihr erzählte. Sie hätte dem Herrn das Buch um den Schädel geklatscht. Linksrechtslinks.

Er war der Sondergast. Die Veranstalter hatten ihm meine Neuerscheinung geschenkt und luden ihn nach der Lesung mit mir zusammen zu einem Imbiss ein. Dort ließ der Sondergast das Buch von mir signieren. Als ich es ihm zurückgab, rutschte es aus seiner Hand. Ich hob es auf. Im Verlauf dieses Abends ließ er das Buch dreimal zu Boden fallen. Reflexartig bückte ich mich, wischte es sorgfältig ab und gab es ihm zurück. Für mich war es nicht irgendein Buch, sondern mein Roman, an dem ich hart gearbeitet hatte.

Dolly musste sich setzen. Sie war von mir enttäuscht und verfluchte den Sondergast.

»Ich bin auch von mir enttäuscht, Dolly.«

Beleidigungen lassen mich verstummen und schrumpfen.

Doch ich erlebte inzwischen immer öfter, dass sich im Publikum jemand erhob und Angreifern heftig Paroli bot. Meistens war es ein Mann, der sich schützend vor mich stellte. Und ich war ihm dankbar. Der Himmel ist Zeuge, dass ich in solchen Momenten aus tiefstem Herzen ein Stoßgebet hinaufschickte, Männer mögen im Geschlechterkampf nie das Bedürfnis verlieren, die Frauen zu schützen. Anlässlich einer Frauentagung bestanden einige Zuhörerinnen vehement darauf, dass ich anstelle des allgemeingültigen Worts ›Schriftsteller‹ das Wort ›Schriftstellerinnen‹ nutze, weil die anwesenden Frauen sonst ausgeschlossen seien. Es gab eine längere Diskussion über Sprachbewusstsein und Diskriminierung. Ich konnte das Publikum nicht auf die Neuerscheinung lenken und musste die Lesung abbrechen. Argument stieß auf Gegenargument. Eine Leserin versuchte mich zu trösten. »Alles halb so schlimm.« Sie stellte sich neben das Lesepult und gab bekannt, dass sie eine Sozialarbeiterinnenseele habe und Bedrängten beistehen müsse. In Richtung der erbittertsten Kämpferin rief sie, dass es die Intelligenz verletze, wenn es eine Stimme gibt, die krampfhaft versucht, das Publikum in zwei Lager zu spalten. Ich zottelte nach dieser Lesung deprimiert nach Hause. Einer der wenigen anwesenden Männer schilderte mir in einem Brief seinen Eindruck vom Anlass:

»Es war eine Meute mehr oder weniger harmloser Hyänen. Und Sie mittendrin erinnerten mich an Baudelaires Albatros, dessen Schwingen zu gewaltig waren, um sich vom Schiffsdeck zu erheben und übers Meer zu fliegen.«

Er sah meine Müdigkeit und hatte den Impuls, an meiner Stelle zu lesen, habe aber keinen neuen, womöglich noch schlimmeren Aufruhr verursachen wollen.

»Nicht auszudenken, was passiert wäre, wenn ich als Mann Ihren Platz eingenommen und Ihre Lesung für Frauen fortgesetzt hätte, deren Bewusstsein bei der Sprache beginnt, wenn es nicht sogar da aufhört.«

Ich antwortete: »Ja, ich war müde. Und doch, da waren ja Sie und haben mich in Gedanken an den Flügelspitzen hochgehoben und mit Schwung übers Meer geschickt.«

Dass meine Mutter mit leeren Händen zu meiner Laudatio gekommen war, musste sie nach ihrer Heimkehr sehr beschäftigt haben. Ich war glücklich, dass sie teilgenommen hatte. Schon das Bahnbillett in die Stadt musste sie das ersparte Trinkgeld aus dem Briefumschlag ›Notwendiges‹ gekostet haben. Sie lebte in bescheidensten Verhältnissen. Es war ein Wunder, wie sie als Alleinstehende meinen jüngeren Bruder und mich durchgebracht hatte. Und doch gelang es ihr, uns ihre Entbehrungen nie spüren zu lassen.

Einige Tage nach der Laudatio bekam ich ein Paket von der Post. Mutter schickte mir eine Süßigkeit und eine Zwanzig-Frankennote. Sie konnte nach jahrelangem Sammeln ihre Rabattmarken einlösen und meinte, ich könne dieses Geld gut gebrauchen, sie beeile sich, es zur Post zu bringen. Es beschämte mich, den Sparbatzen ihrer kargen Tage anzunehmen.

Ich stellte mir vor, mit welcher Feierlichkeit sie dieses Paket geknotet hatte. Denn für jemand mit ihrer Erfahrung musste das Glück über meinen ersten Erfolg unermesslich sein. Sie hoffte, er würde ihrem Kind alles zurückgeben, das sie ihm aus Not vorenthalten musste. Ich hatte dies zwar nie so betrachtet. Aber sie. Es war eine Wiedergutmachung ihres Scheiterns als Mutter. Ihr bedeutete es eine große Freude, mir nun das Ersparte zu schenken. Ich durfte sie nicht enttäuschen, indem ich ihr das Geld zurückschickte. Zu jener Zeit gab es eine Reihe von grauen Tagen. Ich fühlte mich ausgeliefert. Ein Sammeltopf der Träume.

Zudem musste mein Hund eingeschläfert werden. Er war mehr als achtzehn Jahre alt. Ich hatte ihn als Welpe aus dem Tierheim geholt und über alles geliebt. Die Ärztin gab ihm die Todesspritze. Er zuckte unter meinen Händen zusammen, riss die Augen auf, staunte und sank dann auf den Tisch.

Ein Schock dieses Ende. Für ihn und mich. Ich ging nach Hause mit gesenktem Kopf und dem Halsband in der Hand.

Mein Hund hat nie schöngeredet
Er hat nie gesagt, ich bin für Dich da
Wenn Du einen Freund brauchst,
Einen Mann. Ruf an!
Mein Hund war immer da

Ich fühlte meinen Brustkorb als enges Gefäß. Es nahm mir den Atem. Wenn ich an meine Zukunft dachte, sah ich keinen einzigen rosafarbenen Schimmer. Die Stille des Hauses war unerträglich, seit mein Hund nicht mehr sein Fell schüttelte, sich gähnend streckte oder seine Pfoten über den Boden rieseln ließ. Ich verspürte keinen Wunsch, hatte an nichts Freude, war von nichts bewegt. Jeder Tag schien mir grau und lang. Ich mochte nicht einmal die Stimme meiner liebsten Menschen hören. Die Briefe ließ ich ungeöffnet liegen. Ich fuhr zu den Lesungen und wenn ich zurückkehrte, prallte ich vom eisigen Schweigen des Hauses zurück. Etwas in mir warf sich schluchzend zu Boden.

Warum hatte mich die Kugel von Ypsilon nicht mitten ins Herz getroffen?

Wie beendet ein Mensch sein Leben?

Ich begann mich mit diesem Gedanken zu befassen. Der Tod müsste schmerzlos sein, schnell eintreten, vor allem muss das Unterfangen gelingen. Ich legte ein Blatt Papier vor mich hin und notierte meine Überlegungen. Welche Vorbereitungen sind notwendig? Wem schreibe ich einen letzten Brief? Wie erreiche ich Gewähr, dass jemand die Leiche findet?

Ich erinnerte mich an eine Frage von Peter Handke. »Du lebst allein, was passiert, wenn du stirbst?« Für ihn war es eine wichtige Frage. Er stellte sie im Gehen.

»Was kümmert mich das!«

Ich zuckte die Schultern. Er blieb stehen. »Du bist tot. Und allein. Wochenlang. Niemand weiß es. Erschreckt dich dieser Gedanke denn nicht?«

»Wenn mein Kadaver stinkt, findet man ihn.«

Handke fand diese Antwort unfassbar. Undenkbar für sich selbst.

Ich überlegte, dass er recht habe, auf dieser Frage zu bestehen. Man muss Vorkehrungen treffen. Ich wollte ein Schuhpaar vors Haus stellen, mitten auf den Platz. Ich fand dies eine originelle, sogar brillante Idee und begann mich mit den Details zu beschäftigen. Ich wollte dem letzten Akt meines Lebens die größtmögliche Ästhetik und Vollkommenheit geben.

Die Notizen füllten mein Papier. Ich unterteilte sie, um nicht den Überblick auf die verschiedenen Schritte und Etappen zu verlieren. Das Flechten meiner Gedankenfäden nahm mich Tage oder Wochen in Anspruch. Am Schluss betrachtete ich meine Kopfgeburt von allen Seiten. Die Arbeit war perfekt. Ich gab ihr den Titel ›Das schöne Sterben‹.

Ich stellte die Schuhe vors Haus.

Ich stand neben den Schuhen.

Ich ließ die nackten Füße darüber kreisen und schlüpfte wieder in die Schuhe. Ich lief ins Haus und Punkt.

Ich zerriss meine Arbeit. Bald vernahm ich den ersten Ton einer inneren Musik. Ich begann zu tanzen.

Seit dieser Zeit habe ich nie wieder daran gedacht, mich aufzugeben. Heute weiß ich, dass ich mit Freude zugreifen würde, wenn mir jemand ein zweites und drittes Leben anböte. Ich würde ein jedes zum Verfassen von Geschichten nutzen.

»Du hast nicht die Wahrheit geschrieben«, sagte mein Bruder nach dem Lesen des Buchs DAS KARTENHAUS. Er war enttäuscht. Ich orientierte mich bei diesem Roman an meinem Elternhaus. Es zeigt ein Mädchen, das alles, was es mit den Händen umklammerte, nach und nach verlieren wird. Ein schmerzliches Erwachsenwerden. Meinen Bruder habe ich im Buch unterschlagen. Diese Figur hätte meine Idee gestört. Wir hatten verschiedene Kindermädchen, Mägde und Knechte. Ich habe sie zu einer einzigen Figur verschmolzen.

Für mich war das Buch wahr. Ich habe es meinem Bruder zu erklären versucht. Doch wie kann man solche Erklärungen untermauern? Ein Roman wiedergibt nie die Wahrheit. Er lässt einiges weg und fügt anderes hinzu. Selbst diese Auslegeordnung, die einen winzigen Ausschnitt zeigt, ist nicht die ganze und umfassende Wahrheit. Sie ist auch kein Protokoll. Obwohl ich die Szenen so niedergeschrieben habe, wie sie auf mich zu einer bestimmten Zeit gewirkt haben. Die Dialoge sind nicht wortgenau wiedergegeben, entsprechen meiner Meinung nach aber dem ungefähren Wortlaut. Ich kann nicht beschwören, wer was gesagt oder schweigend zugestimmt hat. Möglicherweise haben Leute den Raum schon vor dem Gespräch verlassen. Oder ein Sturzbach von brillant formulierten Worten hat sie unter den Tisch geschwemmt. Dieser Text ist geplant und gestaltet. Also ein Roman.

Er werde das Buch nie wieder lesen, sagte mein Bruder. Er klappte es zu und schmetterte es quer über den Tisch.

»Erinnerungen sind ungenau«, erklärte ich ihm. »Außerdem sind sie überlagert vom Gefühl, das man damals empfand. Heute ist dieses nicht mehr nachzuvollziehen. In diesem Sinn ist das Erzählte nie wahr. Aber es ist auch nie ganz aus der Luft gegriffen. Das Niederschreiben verändert das Ereignis, auch das Nacherzählen verändert es. Es entsteht immer ›Mein Bild‹. Oder wie willst du etwas schildern, ohne die Erinnerung zu verzerren, da jede Weglassung und jedes zusätzliche Detail diese in etwas Neues verwandeln? Dies bedeutet: sein Leben erfinden.«

Als Alleinlebende konnte ich mich vom Klang einer Musik, vom Duft des feuchten Gartens oder von den Stimmungen des Lichts jederzeit forttragen lassen. Ich erinnere mich an einen Spätnachmittag, die meinen Raum mit Orchestermusik erfüllte und die Wände mit dem Glühen der untergehenden Sonne übertünchte. Ich verlor mich in der Stimmung eines Festsaals aus einer längst vergangenen Zeit. Plötzlich vernahm ich das Klicken von Absätzen. Dolly musste gekommen sein, ohne dass ich das Geräusch ihres Autos wahrgenommen hatte. Sie tanzte durch die offene Tür von der Terrasse herein und ihr Schatten schwebte über die Glasur des Bodens. Der Luftstrom ihrer Bewegung blähte ihr leichtes Kleid zu einem Ballon auf. Das Wirbeln der Seidenhülle versetzte mich in Erstaunen. Raupen sind Künstler der Leichtigkeit. Aus dem Spinndrüsensekret im Maul weben sie einen

Proteinfaden und hüllen sich, graziös mit dem Maul herumtastend, in einen Kokon aus dreihunderttausend Schlaufen. Das Filament kann eine Länge bis zu neunhundert Metern erreichen und ist so fein, dass ein Hauch den Seidenfaden fortweht. Im Licht glitzernd überwindet er die Erdenschwere.

Ich war hypnotisiert. Dolly war eine in ihr Flatterkleid verwickelte Sylphe, so filigran, dass die aufgebauschte Seide sie jederzeit über den Boden schleifen, aus meiner Terrassentür wirbeln und steil in die Höhe reißen konnte. Wie ein Ballon würde sie über die Siedlung segeln. Bei der Felsenfestung Aarburg wäre sie mit bloßem Auge noch als Punkt auszumachen, der über schraffierten, schroffen Steinmauern langsam verblasst. Die Jugendlichen, die dort eine verordnete Zeit zur Nacherziehung verbringen, würden Hacke, Mathematikaufgabe und Fluchtplan weglegen, um zur flirrenden Seidenfrau zu schauen, die in einer Scharte ihres vermoosten, rußgeschwärzten, zersplitterten Gesteinskranzes aufgetaucht ist. Für die Dauer eines Atemzugs erschiene sie den Zöglingen wie eine Botschaft der Hoffnung. Zu kurz für die einen. Doch lang genug für jene, die an Erscheinungen glauben wollen, die an keinen Mauern zerschellen.

Dieser Zeitfunke hakte sich in meinem Gedächtnis fest.

Ich wagte nicht, den Schattenschmetterling auf der Glasur meines Plattenbodens zu zertreten. Doch als ich meinen Stuhl in eine geeignetere Position rollte, erstarrte Dolly in einer Drehung ihres Tanzes. Sie schaute mich verwundert an, als sei sie aus einem Traum erwacht. Der Saum ihres ausgefächerten Kleids wand sich um ihre Hüfte bis zum Anschlag, verharrte einen Lidschlag lang, zerrte mit einem kleinen Ruck das Gespinst in die Gegenrichtung und entfaltete ein letztes Mal seine schimmernden Wellen. Dann hauchte das Kleid die Luft aus und sank zusammen. Unendlich langsam glitt die Seide über Dollys Hüften, pinselte ihre Beine, warf im Sinken ein Formenspiel aus Glanz und Mattigkeit über den Stoff und rieselte auf ihre Knöchel hinab.

Die erste Frau wurde in den Bundesrat gewählt. Frau Elisabeth Kopp nahm im Jahr 1984 ihren Platz ein.

Dolly fand: »Das Volk muss sich jetzt an den Gedanken gewöhnen, dass es von einer Frau mitregiert wird. Wir sind kein Teig in der Hand der Herren der Schöpfung.«

Zur Erinnerung an diesen Tag stieg Dolly 11 674 Stufen zum Niesen hinauf. Die Pyramidenform dieses Bergs besteht aus Schiefer. Nach fünf Stunden betrat sie den Gipfel in 2362 Meter Höhe. Sie trampelte auf dem winzigen Platz einmal rundum, genoss das Kreisen der Welt um sie und schmetterte dann die Nationalhymne durch den Trichter ihrer Hände.

Meine Bücher erschienen in rascher Folge. Wenn ein druckfrisches Buch bei den Buchhändlern auftauchte, schrieb ich bereits wieder am nächsten. Aber ich arbeitete daneben noch immer bei der Bank. Sie kommt als Arbeitsplatz in einigen Texten vor.

Ich war gern die Feuerwehr, die von der Direktion an einem beliebigen Arbeitsplatz eingesetzt werden konnte. Ich fuhr mit der liegen gebliebenen Arbeit eines anderen Menschen fort. Jedes Mal war ein neues Problem zu lösen. Dies verlangt Beweglichkeit. Man muss dafür geschaffen sein. Nur schon die neuen Erlasse, die ungewohnten Blitzentscheide, das Zurechtkommen mit den neuen Geräten.

Während Dolly Kluften übersprang, pendelte ich in zwei Welten. Meistens bediente ich am Schalter hinter dickem Panzerglas. Ich war äußerst gewissenhaft. Nicht einmal der

Direktor kam an mir vorbei in den Kassaraum. Er musste sich ausweisen. Trotzdem bin ich einem Betrüger auf den Leim gekrochen. Es war ein freundlicher und unauffälliger Mann, hätte ein Handwerker sein können, ein knorriger Typ mit einem netten Lächeln. Er hat bescheiden gefragt, ob er seine Goldmünze in Bargeld tauschen könne.

»Natürlich.«, ich nannte den Tauschwert.

Ob er auch zehn oder zwanzig Münzen tauschen könne?

Ich rechnete die Summe aus. Wir machten dieses Geschäft. Die Münzen stellten sich als falsch heraus. Sie blieben einige Jahre als der größte Goldschaden aller Zeiten im Kassabuch verzeichnet. Die Bank hat sich erholt. Und konnte alle zwei Jahre den Aargauer Literaturpreis ausrichten. Mir sprach die Jury diesen im Jahr 1998 zu.

Inzwischen war die Hauptbank ein Tempel, ein Dom. Naturstein, Glas, Lichtbalken, ein riesiges Raummaß. Hinter geeistem Glas die Angestellten. Eintretende mögen den Dom auf den ersten Blick für verwaist halten. Sie schreiten über das ausgedehnte Marmorfeld zu etwas wie einer Portiersloge. Dort werden sie der richtigen Tür zu geschleust. Oder abgeholt. Der Dom verschluckt sie. Es wird eine Transaktion getätigt. Mit leise reißendem Druckergeräusch erscheint ein Vielfachformular, das an der angekreuzten Stelle unterzeichnet werden muss. Der Kunde wird zum Meeting, Lunch, zur Literaturpreisvergabe und zum Flamenco in die Schalterhalle geladen. Zwischen zartgetönten Blumengestecken erwarten ihn Hostessen. Und kerzengerade, gertenschlanke Banker im Armani-Anzug stehen für Auskünfte zur Verfügung. In meiner Rede zum Preis schilderte ich die Veränderung meines Bankarbeitsplatzes. Ich kannte noch graue Bankbeamte mit Schürze und Ärmelschonern auf Schraubenhockern. Nun waren sie Armani-Anzugträger im Ambiente eines Doms. In der Zwischenzeit hatte ich Figuren durch meine Romanwelt getrieben und als Feuerwehr bei ländlichen Bankagenturen den Dienst versehen. Ich erwähnte auch meinen Goldschaden, der aus Sicht der Bank den Literaturpreis wohl nicht rechtfertige. »Bekomme ich den Literaturpreis, weil ich mich so ausschließlich in mein literarisches Werk verbeiße? Oder bekomme ich ihn, weil ich mich, wenn immer möglich, vom Schalterdienst der Bank fernhalte?«

Im Buch ›Außenseiter‹ beschäftigte sich Prof. Dr. Hans Mayer aus Tübingen mit der literarischen Darstellung dreier Gruppen, die in der Geschichte häufig diskriminiert wurden: Frauen, männliche Homosexuelle und Juden. Ich begegnete ihm in Venedig mit dem österreichischen Dichter Alfred Kolleritsch. Auch jener Sondergast, der mein Buch dreimal in den Dreck fallen ließ, war in Begleitung seiner Gattin dort. Professor Mayer war in Begleitung eines jungen Freunds angereist. Sie wollten in Venedig die Ostertage verbringen. Wir aßen zu sechst in einem kleinen Restaurant, das für die Küche und seine Galerie von berühmten Gästen bekannt war. Die Wände waren bedeckt von den signierten Porträts dieser Berühmtheiten.

Mayer kannte die meisten Abgebildeten. Er war munter und lachte viel. Sein junger Begleiter redete nur, wenn er angesprochen wurde. Er fühlte sich offensichtlich nicht wohl in der Gesellschaft der zwei fremden Universitätsprofessoren und ihren Begleiterinnen. Doch die Augen leuchteten, wenn er auf seinen schwarzen Hengst zu sprechen kam. Er schien ihn zu vermissen. Wir brachten das Gespräch einige Male auf das Reitpferd. Im Lauf des Abends verlor er seine Scheu und blühte er zu einem liebenswerten, unkomplizierten Naturburschen auf. Mayer wollte früh zu Bett gehen und vertraute uns seinen Freund an, damit dieser unsere fröhliche Gesellschaft noch bis in die Nacht genießen könne. Kaum war Mayer außer Hörweite, änderte der Sondergast seinen respektvollen, beinah unterwürfigen Ton. Er überschüttete den jungen Mann wegen seines ›Hengsts‹ mit Spott. Er verstünde, warum es keine Stute sein dürfe. Das Gesicht des Burschen, das eben noch entspannt und fröhlich gewesen war, gefror. Die beiden Männer wieherten vor Lachen. Die Geigerin und ich, wir waren vom brutalen Umschlagen der Ehrerbietung in Hohn entsetzt, nahmen den jungen Mann in unsere Mitte, hingen uns bei ihm ein und begleiteten ihn zum Hotel, ohne noch ein einziges Wort mit unseren spottenden Begleitern zu wechseln. Er zottelte traurig auf sein Zimmer. (Prof. Hans Mayer starb im Mai 2001.)

Zu Hause erwartete mich ein Brief von Marcus Antonius an Kleopatra. Ich empfand diesen Brief als Scherz. Auch Dolly konnte sich keinen Reim darauf machen. Da hatte wohl jemand den falschen Text in den Umschlag gesteckt.

Am nächsten Tag erreichte mich eine Nachricht vom Klosterschüler Chevalier des Grieux. Es war eine Erklärung an ›die Femme fatale Manon Lescaut‹.

»Du bist das größte Luder aller Zeiten.«

Aber er kämpfe. Um mich zu behalten, sehe er nur eine Möglichkeit. Er hole mich aus dem Kloster und brenne mit mir durch.

Es gab in diesem Stil einen Mittwochs-, Donnerstags-, und Freitagsbrief. Jeder bestand aus exakt zwei fehlerlosen Schreibmaschinen-Seiten. Alle handelten von einem anderen berühmten literarischen Paar. Im Samstagsbrief war ich ›Rotkäppchen‹ und er der ›böse Wolf‹.

»Ich mache mich auf dem Weg zu Dir. Wenn Du diesen Brief in den Händen hältst, bin ich bereits bei Dir und lauere in meinem Versteck.«

Ich spähte erschrocken zum Gebüsch, aus dem die Kugel von Ypsilon geschwirrt war.

»Du, Rotkäppchen, wirst mich mit Füßen treten. Ich aber werde Dich töten, wie ich schon Deine Großmutter getötet habe. Ich schlage Dir meine Reißzähne ins süße, weiße, weiche Fleisch.«

Er bot mir aber eine Möglichkeit zur Rettung an.

»Wenn Du bereit bist, mich ins Haus zu lassen, werde ich Dich vielleicht verschonen. Falls Du jedoch den Jäger rufst, zerfleische ich Dich!«

Dieser Brief machte mir Angst.

Die Serie dieser Briefe.

Ich rief Dolly an. Auch sie konnte mich nicht beruhigen. Trotz ihres Gelächters, trotz ihrer Lehrzeit im Fach ›Männer‹. Die Wirklichkeit nahm mich in den Würgegriff. Ich legte mein Gesicht an die Kühle der Fensterscheibe. Das Glas beschlug von meinem Atem.

Tatsächlich klingelte es bald an meiner Tür. Ich öffnete einen Spalt breit. Ein älterer Herr mit gerade gezogenem Mittelscheitel und dünner Mappe unter dem Arm stellte den Fuß in die Tür. Er war bis zum Kehlkopf in einen mausgrauen Mantel geknüpft. Er sagte, er wolle nur reden.

»Bitte! Reden Sie!«

»Ist Ihnen an den Briefen etwas aufgefallen?«

»Ihre Literaturkenntnis, ihre fehlerfreie Orthografie.«

»Ich bin Doktor der Philosophie, Gymnasiallehrer für Deutsch, frühpensioniert, wenn Sie sich vorstellen können, was das für einen Mann des Geistes bedeutet. Aus seiner liebsten Tätigkeit wegradiert werden. Mir nichts dir nichts.«

Beim Reden hatte sich Schaum an seinen Mundwinkeln gebildet und dieser ränderte seine Lippen mit einem weißen Saum. Seine Augen flitzten unentwegt von einer zur anderen Seite, und mehrmals verschob er seine Mappe unter dem Arm. Er schien doch nicht so harmlos. Dieser Mensch hatte seine persönliche Geschichte zugunsten der großen Liebesgeschichten der Literatur aufgegeben. Er war ein Wolf im Schafspelz. Da er in diesem Augenblick die Rolle des ehemaligen Deutschlehrers spielte, waren seine Reißzähne nicht zu sehen. Nur der eingedickte Speichelsaum auf seinen Lippen deutete auf seine wölfische Gier nach Zerfleischung.

Eine Nachbarin sah uns zusammenstehen. Ich rannte zu ihr, um sie mit Handschlag zu begrüßen. Das kam ihr merkwürdig vor. Sie taxierte den Grauen, dieser hastete mit seinem Mäppchen unter dem Arm an uns vorbei.

»Auf bald!«

Ich verrammelte mein Haus. Schloss auch die Sonnenlamellen. Spannte diese aber immer wieder auseinander, um durch den Schlitz zu schauen. Ich war auf der Hut. Es blieb ruhig und ich kehrte zum Schreibtisch zurück.

»Wir sind nicht geschaffen, um zu leiden,« sagte Dolly. »Noch weniger, um uns in einem Kummer oder in einer Angst dauerhaft zu verpuppen.«

Sie plante eine Tournee mit Pepe Lienhard als Sängerin eines Frauenquartetts.

Ich wurde in den Vorstand der Autorengruppe Olten gewählt. Einige Sitzungen mit Walter Vogt, Franz Hohler, Giovanni Orelli, Alberto Nessi und Hans Mühletaler fanden bei mir zu Hause statt. Ich mochte diese Treffen sehr und fühlte mich im Kollegium aufgehoben. Es war auch interessant, über Verbesserungen für Schriftsteller nachzudenken. Und sich mit den vielfältigsten Themen ihrer Lebensumstände zu befassen. Gleichzeitig konnte ich die Mitglieder näher kennenlernen. Die Tagungen waren dazu am besten geeignet, denn sie dauerten meistens ein Wochenende.

Nach einer solchen Tagung fuhr ich mit Katharina von Arx nach der GV von Zürich nach Olten. Katharina am Steuer von ihrem Kleinbus. Hinten zwischen Bettzeug und Kochausrüstung schaukelte Silvio Blatter auf einem Sofa. Katharina war erfüllt von einer nie versiegenden Abenteuerlust. Die geborene Tramperin. Trotzdem war sie dabei, sich die Burg Romainmôtier als Wohnort einzurichten. Föhnsturm wirbelte an diesem Abend Blätter über den Bellevueplatz und verschob die Haufen gegen die Fassaden. Fiebrige Lichter glitten über den grellen Abendhimmel. Und Katharina am Steuer wirkte wie eine angeglühte Höllenfigur, entschlossen sich mit ihrem Bus zwischen die drängelnden Fahrzeuge zu zwängen. Auf der Fahrt packte mich die Lust auf eine Reise ins Abenteuer an Katharinas Seite.

Ich weiß nicht mehr, wie oft wir zwei uns von der Seite kurz anschauten und dann hell auflachten. In Wahrheit hätte ich nie gewagt, mit einem Kleinbus loszufahren wie Katharina es tat. Mein Alltag unterschied sich von ihrem. Mich faszinierte das Unbekannte, denn ich war sehr neugierig. Sehnte mich wohl auch nach einem kleinen Quantum Gefahr. Aber ich brauchte die Sicherheit meines Hauses wie die Luft zum Atmen. Ich buchte organisierte Reisen, teilte mein Geld ein und benötigte Regeln und Ordnung. Ich war unabhängig. Stolz, mich selbst durchbringen zu können. Hatte noch nie Schulden, wenn ich mir auch kaum etwas gönnen konnte und mir alles vom Mund absparte. Im Grunde bestand mein Leben aus Planung, Verzicht, Fleiß, Disziplin. Aber auch aus kleinen Abenteuern, Liebschaften, Verrücktheiten. Ich lachte und trauerte. Wollte tausend Wege gehen und tausend Lieben erleben. Doch ich kehrte immer in die Stille zurück. Ohne Reue, satt und zufrieden. Doch auf jener Fahrt im Kleinbus von Katharina spürte ich einen heftigen Stich beim Gedanken an all die Absonderlichkeiten, Begegnungen und Stimmungen, die ich überall auf der Welt verpasse.

Neugier und Abenteuerlust konnten in mir unvermittelt ein Gefühl von Sehnsucht entfachen. Vorsicht hielt mich aber in Schach. Mein Beruf spülte mir viele Menschen zu. Es fiel mir schwer, das Telefon einfach neben die Gabel zu legen, denn ich fürchtete, einen spannenden Anruf zu verpassen. Ich war ein Schmetterling, der in jede Richtung flatterte, sich auf eine Hand setzte und wieder fortwehte.

Manchmal verliebte ich mich. Einige Tage lang konnte ich nicht mehr essen, nicht mehr schlafen, sah verloren aus dem Fenster und schleuderte Gummiringe in den Himmel.

»Bist du krank?«, fragte Dolly. »Soll ich Tee aufbrühen, Cara? Oder bist du das Kind, das Seifenblasen bewundert?«

Sie spielte ein paar Takte auf dem Flügel. »Du weißt, dass Seifenblasen platzen.«

Ich wusste es. Doch ich wollte nicht daran denken. Vielleicht hoffte ich auch einfach, dass einmal eine Blase in den Himmel schwebt. Dass einmal eine besteht. Aber diese Stimmung verging. Ohne Grund. Die Verzauberung löste sich auf wie ein Morgennebel über dem Dorf. Geschichten beginnen und enden.

Ich mochte auch mit Dolly nie darüber reden. Manchmal rief ich sie an, weil ich ihre Stimme hören wollte. Es kam vor, dass sie fragte, ob etwas nicht stimme. Sie konnte sich grundlose Anrufe nur so erklären.

»Es war mir ein Bedürfnis«, sagte ich.

»Gut!«, sagte sie. »Dann war es das.« Und hing wieder ein.

Danach war ich niedergeschlagen. Warum rufe ich aus einem egoistischen Bedürfnis an? Nur, weil mir die Stille unerträglich ist? Weil Regen schräg auf Büsche und Fenster fällt? Und ich eine Stimme hören will?

Meistens bereute sie, dass sie kurz angebunden war und sauste dann mit ihrem kleinen Auto zu mir.

›Zusammensein im Glück wie im Unglück, in Krankheit und Gesundheit, bis dass der Tod uns scheidet‹, solch ein Schwur kam für Dolly niemals infrage. Also nahm sie Liebeskummer in Kauf, ohne Worte zu verlieren. Für ihre Freiheit war sie bereit, diesen hohen Preis zu zahlen. Aber sie konnte mein Gefühl von Einsamkeit nachempfinden. Wir plauderten über alles Mögliche, außer dem Kummer. Dann ging sie wieder. Drehte sich noch einmal:

»Du bist traurig?«

Sie stand an der Tür, ihre Hand lag auf der Klinke.

»Ein bisschen, ja.«

Sie kehrte zwei Schritte zurück und plauderte im heiteren Ton über ihre eigenen Irrtümer. Wie oft sie in jemands Augen gestorben sei. Wie oft ein Liebster sie aus seinem Leben gekippt habe. – »Männer kommen. Männer gehen.«

Am Samstag darauf traf ich an den Solothurner Literaturtagen den deutschen Regisseur, Schriftsteller und Schauspieler Franz Xaver Kroetz. Er war ein schlagfertiger Gesprächspartner. Er erklärte mir, dass ihn gesellschaftliche Bezüge mehr interessieren als der eigene Bauchnabel. Mich aber interessierte der eigene Bauchnabel. Ich fand, es gehe dabei nicht um einen abgekapselten Bauchnabel, sondern um einen von vielen. Um Empfindungen, die alle kennen. Um Störungen, die allen zu schaffen machen. Um unsere Mühe, damit fertig zu werden.

Vielleicht war es an jenem Samstag, da ich Otto F. Walter von meinem Ärger mit dem Gemeinderat erzählte, da dieser mit dem Meterstab meine Forsythien vermaß.

»Du hast Edelsorgen!«, gab Otto F. zur Antwort.

Natürlich waren es Edelsorgen in Anbetracht von Hungernden, Verfolgten, Unterdrückten. Es war mir auch klar, dass ich sein Mitleid für die geschändete Klasse nicht in Anspruch nehmen kann.

Dolly reagierte gemäß ihrem gewohnten feurigen Temperament.

»So weit kommt die *Intelligenz,* wenn sie sich fürchtet, den eigenen Nabel zu betrachten. Würde sie es nämlich tun, merkte sie, dass es keine Einteilung in Sorgen und Edelsorgen gibt. Jeder empfindet seinen Ärger als ein echtes Problem. Außerdem ist dieser Vorstoß des Gemeinderats nur die Spitze von einem einzelnen, von vielen unsichtbaren Eisbergen. Aber um dies zu erkennen, muss man den Menschen studieren, nicht das Parteiheft. Ich frage mich, wie viele eine einzige Woche allein bestreiten können, ohne sich verloren zu fühlen. Du und ich, wir beide müssen es aber können. Wir müssen es durchstehen, wenn eine Behörde uns in die Enge treibt. Wir empfinden es als ungerecht, ärgern uns, versuchen, uns zu wehren, glauben aber zum vornherein, dass wir unterliegen. Das ist ein Problem. Ehrlich, mich interessiert mehr, ob dein Nachbar dir das Leben schwer macht, als wenn irgendwo eine Fabrik Arbeiter entlässt.«

Dolly traf den Nagel auf den Kopf.

In Solothurn drehten sich die Gespräche an jenem Tag um nützliche und unnütze Schreibstoffe. Jede Zeit meint, solche Fragen kompetent beurteilen zu können. Aber erst die Geschichte wird dies klären. Im Jetzt muss es dem Autor überlassen werden, zu formen, was er als interessant und wichtig betrachtet.

In der großen Diskussion ging es ums Thema: Links gegen Halbrechts. Wie beim Fußball. Die Halbrechten warfen den Linken vor, nicht Literatur zu machen, sondern Agitation. Die Linken warfen den Halbrechten Badezimmer-Ästhetik und Formalismus vor, statt gesellschaftsverändernd zu wirken. Niklaus Meienberg kam zu spät und stürmte mit langen Schritten durch den Mittelgang. Er hatte im Gegensatz zu den anderen Podiumsteilnehmern einen ›Auftritt‹ und klagte im heiligen Zorn die Schriftsteller an, nichts über die Militärmonsterschau in Zürich zu schreiben. Einige murrten, er sei für Freiheit, gestehe aber den Autoren nicht die Freiheit der Stoffwahl zu.

Kroetz erklärte, es habe ihm wehgetan, die Lesung der Dilettanten zu hören. Warum sagt denen niemand, dass es so nicht geht. Von all den Lesungen während der letzten drei Tage habe er nichts über die Schweiz erfahren. Ob es Arbeitslose gebe, ob es Fabriken gebe, Unterdrückung. Aus dem Publikum klagte ihn dann jemand an, er sei ja weggelaufen, als er nicht hörte, was er hören wollte. In diesen wenigen Tagen hätte er etwas über einzelne Menschen erfahren können, über ihre Sehnsüchte, ihre kleinen Sorgen. Diese Einzelnen machen unsere Schweiz aus. Ab und zu gab es im Saal einen Ausruf, eine ruckhafte Bewegung, einen Wutschrei, ein Gepolter zum Ausgang. Ein Student ergriff das Wort und man erfuhr, dass von Paris eine neue Schule der Philosophie ausgeht, die sich gegen die Linke und für die Demokratie ausspricht. Der junge Mann warf seine Arme in die Luft. Danach setzte er sich wieder mit geschlossenen Knien auf seinen Platz. Zum Schluss der Literaturtage gibt es in Solothurn immer einen gemütlichen Teil. Man kennt sich und feiert. Ich traf dort die Schriftsteller Steiner, Spät, Marti, Hohler und Meyer. Beim Gehen stieß ich auf Walter Vogt, der immer weit die Arme öffnete und mich ›Mys liäb Huscheli‹ nannte.

Es gab Konstanten in meinem Leben. Eine davon war das Schreiben. Die andere mein Hang zu exakten Linien. Nichts darf stören. Mein Schreibtisch muss immer ordentlich sein.

Ich war nicht die Einzige, die Wert auf Ordnung legte. Ich erinnere mich an einige Begegnungen im Haus des Schriftstellers Gerhard Meier. Er konnte nicht mit Schreiben beginnen, ehe er alle Stifte gespitzt und in einer Linie vor sich hingelegt hatte. Die Bücher standen in Reih und Glied. Der Vorhang war regelmäßig gefältelt, der Boden blitzblank. Erst wenn keine Unregelmäßigkeit seine Augen ablenkte, konnte er mit dem Schreiben beginnen. Er musste den Zustand Null erreicht haben, um den Stift aufs makellose Blatt Papier setzen zu können.

Glücklicherweise häuften sich in den schwierigsten Zeiten die Einladungen ins Ausland, wo ich in Zirkeln von Schriftstellern oder bei einer Schweizer Botschaft zu Gast war. Nach der Samtenen Revolution besuchte ich im Frühling 1990 auf

Einladung von Janik Kaľavský, einem ausgewiesenen Kenner und Übersetzer der Literatur aus der Schweiz, als Gast der slowakischen Schriftsteller die Stadt Kosice, nahe an der Grenze zu Russland. Die Herrschaft der Kommunistischen Partei war zu Ende, und so wurde die mächtige Festungsanlage für diese kulturelle Begegnung geöffnet. Die livrierten Diener der Partei versahen noch ihren Dienst, schauten skeptisch, wirkten aber gefasst und winkten uns in weißen Handschuhen zum Diner.

Einige der geladenen Intellektuellen wurden nach ihrem Protest gegen den Einmarsch der Rotarmisten im August 1968 ihres Amts enthoben und mehrere Jahre beiseitegeschoben. Nun waren sie rehabilitiert, konnten ihr Werk veröffentlichen, einen Lehrstuhl an der Universität oder eine hohe Stelle beim Fernsehen und Rundfunk besetzen. Zum ersten Mal durften sie diese Festung der Partei betreten. Die überraschende Wende machte sie zu glücklichen Menschen. Sie weinten. Gestandene Männer, Erniedrigte, von der Publikation ihres Werks und allen Ehren Ausgeschlossene. Sie streckten mir beide Hände entgegen. Tränen liefen über ihre zerfurchten Wangen. Ich war sprachlos. Winzig. Zeitzeuge einer einmaligen historischen Wende.

SCHAUKELSTUHL-WEHR

Den Journalisten Niklaus Maienberg lernte ich bei meinem Verleger kennen. Er bat mich, gelegentlich einen Besuch bei mir machen zu dürfen. Tatsächlich brauste an einem Nachmittag ein Motorrad den Hügel herauf. Als der Fahrer den Helm abhob, erkannte ich den Wuschelkopf. Er brachte Wein und in meinem Kamin flackerten zwei Scheiter vor sich hin. Ich setzte mich in den Schaukelstuhl, wie immer, wenn ich etwas ängstlich war. Ich nahm nicht an, dass er ein Buch von mir gelesen hatte. Oder dass ihn diese überhaupt interessierten. Ich nahm auch nicht an, dass er ein geistreiches Gespräch suchte. Er sah mich in diesem hohen Stuhl sitzen wie eine Statue und verlangte als erstes einen Korkenzieher und Gläser. Schaukelnd sah ich zu, wie er mit weiter Armbewegung den Korken schmatzend aus der Flasche zog und Gläser füllte. Als zweites wollte er ein richtiges Kaminfeuer. Eines, das seinen Namen verdiente. Er füllte den Holzkorb im Keller, wälzte ihn die Treppe herauf und kniete sich zum Schichten vor den Kamin. Bald prasselte ein Feuer wie noch niemals zuvor.

Er erzählte, er sei auf der Flucht. Er werde wegen einer brisanten Veröffentlichung verfolgt und ›ha!‹ hier beim Schriberli vermute ihn kein Mensch. Das sei sicher.

»Ich kann nicht nach Hause zurück. Ich übernachte bei dir!«

Ich klammerte mich vor Schreck am Lehnstuhl fest.

»Hier nicht!«

Er starrte mich ungläubig an. Dann nahm er einen Schluck.

»Doch!«

»Nein!«

Maienberg war für seine Streitlust berühmt. Auch für seine Hartnäckigkeit war er berühmt.

Er legte einen Tango auf den Plattenspieler, warf sich vor meinem Stuhl auf die Knie und schaute mich mit großen Augen ungläubig an. Und ein aprikosen-farbener Sonnenstrahl rötete den Haarbusch des Mannes, der eigentlich gekommen war, um zu bleiben.

Es sei eine Frage der Menschlichkeit. Verfolgte seien aufzunehmen. Er würde sein eigenes Bett sofort mit mir teilen, wenn ich in derselben Situation wäre.

Ich drehte den Kopf zur Seite.

»Du rührst keinen Finger?«

Er sprang auf die Beine, warf einen Armvoll Scheiter ins Feuer, als gelte es ein Höllenfeuer für eine Rebellion zu entfachen. Im Kamin zischte, krachte und fauchte es.

Er schenkte die Gläser voll und warf sich wieder auf die Knie, um die Machtverhältnisse mit Demut zu stürzen.

»Du siehst, dass ich getrunken habe?«

»Trotzdem!«

Ich saß ruhig im Schaukelstuhl, beherrscht und auf eine längere Belagerung des Heizers der Hölle eingerichtet. Ich schaute auf meine Hände, die angestrengt die Sessellehne umklammerten.

Das war zu viel. Eine Frau, die sich in ihrem bürgerlichen Heim an die Lehne eines lächerlichen Schaukelstuhls klammert, statt einen Rebellen zu Atem kommen zu lassen. Die ihn seinen Verfolgern ausliefert!

Meine Reglosigkeit treibe ihn in den Wahnsinn, sagte er. Er musste die Regeln zwischen Mann und Frau ins rechte Lot rücken. Sie besagte, dass Männer die Wahl haben, zu kommen, zu bleiben oder zu gehen. Mit langen Schritten marschierte er zum Motorrad. Er fahre jetzt mit Vollgas auf der schweizerischen Autobahn nach Zürich.

»Du bist schuld, wenn dem Meienberg etwas passiert! Nur du!« Er schwang sich auf den Sitz. Mit dem Helm in der Hand, drehte er sich noch einmal um. Erhitzt vom selbst geschürten Feuer, ungläubig und verletzt, sucht er nach dem Vorwurf, um dem Tag die Unschuld zurückzugeben.

»Du bist nicht ›in‹. Man sieht, dass du keine ›Achtundsechziger‹ bist.«

Theatralisch warf er den Lockenkopf hoch und befestigte den Helm. Sein Schnellstart stellte das Vorderrad auf und das Fortzischen des Motorrads verwandelte sich in einen donnernden Triumph.

Männer schätzten ihr Junggesellenleben. Dass auch eine Frau gern allein lebt, schien für viele von meinen Bekannten unglaubwürdig. Sie sahen mich in meinem Glashaus den Blicken ausgesetzt. Aber die Weitsicht bot mir auch viel Schutz. Ich sah von Weitem ein Auto den Hang herauffahren. Und es kam vor, dass ich zu einer Porschefahrt in den äußersten Zipfel des Jura abgeholt wurde. Und alles stimmte, das Röhren des Motors, wie wir im Mondlicht über die Schraffur der Tannenschatten flogen. Und eine Sängerstimme ins Dunkel hinein sagte: »Ich bin in dich verliebt«. Wir trinken Champagner und lassen ein Mehrgang-Menü servieren. Das Drum und Dran dieses Augenblicks stimmt so sehr, dass wir uns aneinander berauschen. Für einen Abend ist kein Mensch glücklicher als wir. Vielleicht weil wir frei sind. Ohne Verpflichtung. Ein Paar für einen Abend.

Wir sind uns so ähnlich, denken beide. Wir werden uns trennen und lachen und vergessen. Aber irgendwann wiederholen wir die Fahrt.

Ich musste an Dolly Esquiero denken. Sie war als Sirene für solche Abende geschaffen. Gegen sie war ich noch Anfängerin. Denn es erfordert viel Talent, um sich pünktlich bei Ankunft des Liebhabers in den Zustand der Seligkeit zu versetzen. Diese Trance soll von der ersten bis zur letzten Sekunde anhalten, eine Nachtfahrt überdauern, einen Aperitif, den ersten und den zweiten Gang, das Dessert, die Rückfahrt und natürlich das Einparken in einen Waldweg. Es ist nicht schwierig, sich gut zu fühlen beim entzückenden Liebesspiel und den körperbedeckenden Küsse. Aber es ist schwierig, die fallende Temperatur dieser Nacht auf dem abgekühlten Sitz zu ignorieren. Gerade dann ist es wichtig, dass die Seligkeit nicht abflaut. Sie soll das Arrangieren der verrutschten Kleidung überstehen, sodass der Mann mit der Sängerstimme seinen Porsche aus dem Waldweg zirkeln und nach Hause lenken kann, ohne dass er auch nur für eine Sekunde aus dem Zauber seines einzigartigen Gemütszustands fällt.

Dolly hatte nie Mühe mit ihrer Trance. Sie steckte den Schlüssel in die Haustür. Wenn die Autotür zugeschlagen wurde, der Motor aufheulte und der Abgaswirbel eine blaue Spirale über den Asphalt wedelte, dann lächelte sie über die Schulter zurück. Nicht einmal der kalte Wasserstrahl, unter dem sie ihre Hände abspülte, konnte ihre Glückseligkeit zerbrechen. Diese begleitete sie bis in den Traum hinein.

In dieser Zeit las ich einen Text von Marguerite Duras aus ›Hiroshima mon Amour‹. Er schien auf mich zugeschnitten. ›Was ist geschehen in ihrem Leben, dass sie so wurde, so frei und so gejagt in einem, so redlich und so unredlich in einem, so zwielichtig und so klar? So begehrlich nach Zufallsliebschaften, so feige vor der Liebe?‹

Ich will zu viel, sagte ich mir. Nur für mein Schreiben leben, gleichzeitig von einer Leidenschaft erfasst werden. Freundschaften haben. Mich um ein Tier sorgen. Reisen machen. Nach Stille verlangen. Weinen. Lachen. Mich dem Kitzeln des warmen Grases unter den nackten Füssen hingeben. Einen Atemzug lang in jemands Armen liegen und diese im nächsten Atemzug abschütteln.

»Wie kann ich alles unter einen Hut bringen?«

Ich fragte den Wind und hielt die Hand hinter die Ohrmuschel, um seine Antwort zu hören.

Im Frühling erschien mein Roman SCHNEEFESSEL. Als Ort der Handlung beschrieb ich ein Bergdorf, das ich aus meiner Kindheit kannte. Die Erzählerin sieht am Fenster die Schneeflocken zu einer Mauer hochwachsen. Ihre einzige Gesellschaft ist eine Stubenfliege. Die Frau muss die Welt erfinden.

Ich mag solche Konstellationen. Diese mobilisieren die Fantasie. Während sie der Fliege ihr Leben in diesem Dorf erzählt, türmen sich am Fenster die Schneeflocken auf und von Ferne ist das Grollen von Lawinen zu hören. Sie erzählt von den Lawinen, die Familien auslöschen. Das Buch hat etwas Surreales. Die Kritikerin Dr. Beatrice von Matt empfand es als eines meiner besten.

Im darauffolgenden Winter wurde im Dorf, das ich als Vorlage nahm, tatsächlich eine Familie von einer Lawine ausgelöscht. Seit fünfzig Jahren war dies nicht mehr vorgekommen, denn man hatte den Ort mit Verbauungen geschützt. Doch Lawinen nehmen den Weg, den sie nehmen wollen. Wie im Buch beschrieben flogen Reporter mit Helikoptern ins Bergdorf. Sie stellten den Bewohnern Fragen, die ich diesen wortwörtlich in den Mund gelegt hatte.

Ich war sehr verblüfft, dass mein Buch die Wirklichkeit vorwegnahm. Vorahnung? Oder Zufall? Ich weiß nur, dass ich den unaufhörlichen Schneefall, der eine Lawine auslösen wird, als die bestmögliche Idee betrachtete, um die stille Geschichte einer tapferen und starken Frau zu erzählen. Dieses Bild war in mir. Es zu schildern war unausweichlich.

Ich erhielt noch immer viele Leserbriefe. Ein Geschäftsmann schickte mir ein Foto von seinem Sohn im Gothic-Look. Mit Augenringen, schwarz gefärbten Lippen und grimmigem Blick versuchte er sich auf dem Bild von seinem Vater im Business-Anzug abzuheben. Aber dieser berichtete mir, dass der Sohn ihn im Grunde an die eigene Jugend erinnere, an James Dean und die Easy-Riders.

»Damals war ich derjenige, der auf einem frisierten Moped herausfordernd und feindlich in die Kameralinse blickte. Mein Sohn denkt, dass er mich schockiert. Doch ich bin vielmehr überrascht, mich in ihm wieder zu erkennen. Um zwei Jahrzehnte zurückversetzt.«

In zwanzig Jahren werden die Großkinder seinen Sohn genauso herausfordernd anschauen. Sie tragen dann eine genagelte, scheppernde Rebellentracht und sprayen das Schlagwort ihrer Zeit an eine Fassade, ehe sie in der Menge untertauchen.

Ich beantwortete alle Briefe.

Als das Radio ein Gespräch wünschte, kramte ich in der Schachtel voll Leserbriefe und stellte einige Sätze zu einem Querschnitt zusammen. Dies ergab ein erstaunliches Hördokument. Von allen Seiten suchten Stimmen das Ohr des Hörers, bedrängten ihn, entfernten sich und wurden von neuen Stimmen überlagert. Alle nehmen die Aufmerksamkeit eine Weile in Anspruch. Da ist die Rede von Sorgen, Träumen, Enttäuschung, Ausweglosigkeit und Hoffnung. Eine Ehefrau schreit dem Hörer ihre gellende Verzweiflung ins Ohr. Ein Vater prahlt. Nachbarn reden durcheinander über ihre Einstellung zum Geld, zur Politik, zum Wetter. Der Hörer wird von der Last der Welt zugeschüttet.

Dieses Hördokument entstand spielerisch, fast ohne mein Zutun. Das Ergebnis war auch für mich erstaunlich. Es hat mir meine Bedrängnis und Hilflosigkeit klar gemacht. Dass es zwar fantastisch ist, soviel Post von fremden Menschen zu bekommen, dass man aber Hoffnungen in mich setzt, denen ich nicht gerecht werde.

Obwohl es Mandy störte, dass ich im gleichen Zeitraum, in dem er an einem Roman arbeitete, ihrer zwei veröffentlichte, besuchte er mich weiterhin ohne Ankündigung. Plötzlich klingelte er an der Tür und rannte die Treppe hinauf.

Seine Aktentasche enthielt so gut wie nichts, doch sie komplettierte ihn. Ohne sie fühlte er sich nur als halbe bedeutende Persönlichkeit.

Manchmal kam er in Begleitung. Einmal waren es vier Gymnasiallehrer, die gerade einen Sonder-Literaturkurs bei ihm abgeschlossen hatten.

»Ich gehe zum Schriberli. Kommt mit!«

Es regnete. Er hatte glitzernde Tropfen auf Hut und Schal.

Den Kopf vorgeneigt damit die Brille nicht nass wurde, stand er an der Tür.

Die Kursabsolventen schienen überrascht, wie einfach er in meinem Haus ein- und ausgehen konnte, denn sie traten in seinem Schlepptau ins Haus und wollten die Schuhe ausziehen. Ich war dabei, im Kamin einen Stoß Briefe zu verbrennen.

»Liebesbriefe?« Mandy stocherte im Feuer und hob den Deckel meiner Schuhschachtel.

»Einige«

»Ist Euch klar, was diese Frau da gerade verbrennt?«

Sie schauten aufs Papier, das sich in den Flammen kräuselte. Mandy schlug sich an den Kopf.

»Das Schriberli verbrennt die leidenschaftlichen Schwüre seiner Liebhaber. Es vernichtet eine Schuhschachtel voll Rührseligkeiten.« Mandy war von seiner Gruppe enttäuscht. »Ihr erlebt eine Lektion des Lebens, ohne dies zu bemerken?«

Und dafür hatte er die Gymnasial-Lehrer nun an diesen Ort geschleppt? Seine kostbare Zeit geopfert? Er ließ sich kopfschüttelnd in einen Sessel fallen, entmutigt, weil er seine Fähigkeiten, seinen Reichtum an Ideen und seinen Fach-Verstand an Ignoranten verschwendet hatte.

Die Kursteilnehmer schienen wenig beeindruckt. Sie nutzten die Gelegenheit, um einer Schriftsteller-Kollegin von Mandy einige Fragen zu stellen.

Wie arbeiten Sie? Woran arbeiten Sie? Mit welchen Themen beschäftigen Sie sich?

Mandy hörte eine Weile zu, setzte sich dann an den Flügel und spielte. Die Kursteilnehmer waren allerdings weniger an Musik, als am Werkgespräch interessiert. Als ich ihnen die wirtschaftlich schwierige Seite unseres Berufs erläuterte, hämmerte Mandy auf eine einzelne grell klingende Klaviertaste. Über die Schulter erklärte er:

»Es ist eine Frage der Qualität, meine Liebe. Du kannst nicht Buch um Buch schreiben. That's the problem! Such dir einen Brotberuf! Mach Schreibabstinenz! Heirate! Kümmere dich um Kinder!«

Er schlug den Klavierdeckel zu. Es war still im Raum. Ich war betreten. Die Gymnasiallehrer versuchten, mich mit aufmunternden Blicken still zu trösten. Mandy hatte ein außerordentlich gutes Gespür für die Wirkung seiner Sätze. Nach dieser Art Ratschläge schien es ihm ratsam, seine Kompetenz zu unterfüttern. Er nannte den Namen des Literaturpapstes. Wir wandten ihm den Kopf zu, um zu hören, wie gut er Marcel Reich-Ranicki kennt, dass dieser bei ihm zu Hause war. Mandy schilderte diesen als einen brillanten Menschen und engen Vertrauten. Dreimal geflüchtet, darunter aus dem deutschen KZ. Die Gymnasiallehrer schauten einander betroffen an, weil es neu für sie war, dass ihr Kursleiter so eng mit dem einflussreichsten deutschsprachigen Literaturkritiker befreundet ist. Mandy und Marcel dinieren zusammen. Sie sortieren und etikettieren miteinander die Schweizer Literatur.

Ein Kursteilnehmer machte eine abfällige Bemerkung. Eine Aufwallung entzündete das Gesicht von Mandy.

»Lehrer bauschen ihre Problemchen auf, denn sie haben keine echten Probleme. Sacken ihr sicheres Monatsgehalt in ihre Tasche. Ob sie gut unterrichten oder schlecht. Ob sie ausgeschlafen sind oder einen Brummschädel haben.«

Die Lehrer schwiegen betroffen. Und Mandy kam ins Prahlen.

»Ich fälle genau dasselbe Urteil wie der Chef der FAZ. Immer!«

Von meiner Freundin Dolly hörte ich wenig. Bei schönem Wetter sprang sie über Abgründe und nahm Gipfel um Gipfel. Wollte sie dem Ferrari entwischen? Er sah sich mit Tempo durch die Pisten dieser Welt preschen, stand aber steif vor Dollys Kräuterbeet und hatte keine Ahnung, was den Rosmarin vom Schnittlauch unterschied. Dieser Mann war nicht die Aufgabe, die Dolly sich wünschte. Sie hatte vor jeder Bindung eine panische Angst. Konnte zwar ruppig auftreten. Aber sie verfluchte den Augenblick, in dem sie für ihre Freiheit einstehen musste. Sie hoffte, dass die Dinge sich von selbst erledigen.

»In Wirklichkeit hängt der Mann an seiner Frau. In Wirklichkeit bin ich nichts als sein Nacht- und Nebelliebchen.«

»Du solltest mit ihm reden, Dolly!«

Gut, sie rede mit ihm. Heute. Oder Morgen.

Sie lief mit langen Schritten einen Berg hinauf, reckte auf der Spitze die Arme zum Himmel, schaute in die Tiefe und verlor den Mut.

Nach dem Besuch des Wolfs im Schafpelz war ich ängstlich. Er konnte jederzeit aus dem Gebüsch stürzen und seine Reißzähne in mein Fleisch schlagen. Ich behielt immer die Hecke im Auge.

Dieser Furcht schreibe ich zu, dass ich erleichtert zusagte, als mein Freund Anton mir vorschlug, einige Tage zu mir zu ziehen. Nur um mich abzulenken. Von der Schikane des Gemeinderats. Vom Ärger über Mandys Erniedrigung. Von meiner Angst vor dem Wolf.

Anton brachte seine gute Laune mit, einen Smoking und zehn Bände eines alten Brockhaus. Wir spazierten, kochten, hörten Musik, blätterten im Lexikon und überlegten, bei welchen meiner Freunde er seinen Smoking tragen könnte. Ich besaß kein Abendkleid. Es überraschte Anton, dass es in meinem bisherigen Leben keine Gala-Abende gab. In seinem gab es viel zu viele.

Mich dem Verrinnen der Zeit überlassen, bedeutete ein neues und unbekanntes Leben. Ich habe mir dabei mit großen Augen zugesehen.

Aus den gemeinsamen Tagen wurden Wochen.

Ich kam kaum noch zum Schreiben. Ich entfernte mich von allen früheren Gewohnheiten. Es war nie mehr still. Mein Freund plauderte vor sich hin, spielte Klavier, führte Telefonate, schlug die Autotür zu. Meine Arbeit und mein Schmetterlingsleben waren nur mehr Erinnerung.

Meine unerschütterliche Eigenständigkeit kam ins Wanken. Gab es noch eine Margrit Schriber? Der Name klang in meinen Ohren fremd. An Lesungen hörte ich mich sprechen, wunderte mich über all die Antworten, die ich gab. Ohne Scham ließ ich das Publikum im Glauben, ich wäre noch immer eine Einsiedlerin und lebte einzig und allein nur fürs Schreiben.

Dolly schlug die Hände über dem Kopf zusammen, als sie neue Malereien an meinen Wänden bemerkte und eine andere Art von Musik aus dem Plattenspieler erklang.

»Wie ist er?«

»Er hat Abertausend Ideen.«

»Und sonst?«

»Er schwärmt von der Pianistin Argerich.«

»Ist das alles?«

»Er hat meine Lieblingsrose bis auf den Stock geschnitten, ich fürchte, sie stirbt. Er will, dass ich einen leiseren Rasenmäher anschaffe. Wenn ich damit ums Haus trotte, hält er sich die Ohren zu.

»Geht ihr aus?«

»Selten. Wenn er Freundschaften pflegte, bevor er zu mir kam, dann meidet er diese jetzt, da sie zum Begleittross seiner Ehe gehören. Ich bin sein Nacht- und Nebelliebchen. Wenn wir zu meinen Freunden eingeladen sind, erklärt er den Gastgebern nach einer halben Stunde, dass er leider frühmorgens aus den Federn müsse.«

Anton kehrte von der Arbeit zurück und sah Dolly. Lachend streckte er ihr beide Hände entgegen und weinte beinah, weil wir uns von ihr schon in der nächsten Minute trennen mussten.

»Wir haben noch etwas Wichtiges vor, Dolly!«

»Ach, Cara!« Mehr sagte diese nicht zum Hinauswurf. Sie gab mir einen bedauernden Blick und verschwand.

Frau Bundesrat Kopp hatte es schwer. Sie sah sich Intrigen und Feindschaften ausgesetzt. Diese zielten vor allem auf ihren Ehemann. Alle paar Tage geisterte eine neue skandalöse Meldung durch die Presse. Jede hatte das Gewicht eines Pflastersteins, der mitten in die Karriere der charismatischen Politikerin geschmettert wurde. Frauen wie Männer ereiferten sich. Ein Telefonat mit ihrem Mann gab der Bundesrätin schließlich den politischen Todesstoß.

Ich vermisste die Treffen mit Dolly und anderen Freundinnen. Ich vermisste unser Geplauder, das Gelächter, die Auftritte in verrückten Kleidern, die gemeinsamen Ausflüge und Stadtbummel. Wir trafen uns an allen offiziellen Feiertagen, denn jede von uns war froh, den Weihnachts- und Silvesterabend nicht allein verbringen zu müssen. Einige waren ausgezeichnete Köchinnen. Und Dolly brachte uns mit theatralischen Einfällen, Gesang und ihren ausladenden Hüten zum Lachen.

Unser Frauenleben unterschied sich kaum. Es gab Ärger im Familien- oder Freundeskreis, Missverständnisse am Arbeitsplatz. Wir beerdigten ein geliebtes Tier. Fürchteten uns vor Gestalten, die uns im Dunkeln folgten. Fühlten uns alt und verletzt, wenn im Lokal sich alle im Tango wiegten und wir nicht zum Tanzen aufgefordert worden sind. Wir hassten Geburtstagsfeiern ohne klirrende Gläser. Waren viel zu oft und viel zu rasch niedergeschmettert. Jetzt mussten wir das Klimakterium hinter uns bringen. Und jede von uns sehnte sich nach einem bestimmten Menschen.

Ich schickte meiner Freundin einen Schrei der Verzweiflung.

»Jetzt schwärmt Anton von einem Bauplatz über dem See. Sein Herzenswunsch. Schon seit je.«

»Wer baut? Er?«

»Er sagt: ›Du, mein Schatz! Du verkaufst das Haus hier. Du erbaust ein neues dort!‹«

»Cara mia!«, Dolly war entrüstet. »Schlimmer als der Ferrari.«

»Es ist, als wäre mir ein Auto in die Seite geprallt, hätte mich um meine Achse gedreht, sodass ich nun in umgekehrter Richtung fahre. Weiter und weiter. Ohne ein Ziel. Was früher wichtig war, ist nun unwichtig.«

Dolly warf sich ins Auto. Sie wusste, dass Anton sich über jeden Anruf informieren lässt: »Welcher Halunke hat telefoniert. Oder war die verrückte Dolly am Telefon?«

Sie wusste auch, dass er seit einiger Zeit meinen Terminkalender führte. Meine Wochenenden und Abende waren blockiert. Wenn Dolly einen Besuch ankündigte, jammerte er:

»Du Arme, die hockt dir in der Wohnung. Da kommst du nicht zum Arbeiten!«

Doch eine Dolly Esquiero ließ keine Freundin im Stich. Sie sauste zu mir im Kleid, das sie gerade zum Einüben eines Flamencos trug. Klingelte nicht, sondern rauschte ins Wohnzimmer mit ihren weiten schwappenden Rüschentellern und dem Kamelien-Gesteck im Haar. Vor Anton stampfte sie auf, trippelte mit klappernden Kastagnetten um ihn herum und warf den Kopf in den Nacken, als gelte es einen Torero in die Schranken zu weisen.

Dollys verblüffende Reaktion auf meinen Anruf machte ihn wehrlos. Er wirkte auf mich wie ein waidwundes Reh. Rührte sich nicht, sondern ließ sich von den weiten Schwüngen des raschelnden Frauenrocks umwehen, neigte nur den Kopf zur Seite, fassungslos, angewidert und abgestoßen. Er erwartete, dass ich den Tanz meiner Freundin mit einem Machtwort unterbreche. Doch ich begann mich zu wiegen und trippelte zusammen mit Dolly fingerschnippend im Kreis. Licht sickerte aus den Bäumen. Und wir tanzten um Anton.

Bat er aufzuhören?

Ich erinnere mich nicht. Ich glaube, dass er nur schwieg. Nur still litt. Er war uns ausgeliefert, wickelte die starren Arme wie Lianen um seinen Körper und hielt die Augen geschlossen. Ich könnte schwören, dass er die Haltung eines an den Marterpfahl Gefesselten einnahm. Auch Dolly muss dies so empfunden haben, denn plötzlich blieb sie stehen. Genug ist genug. Sie stach ihren Zeigefinger auf sein Herz und warf den Kopf in den Nacken.

»Ein Liebender kann eine ebenso bedingungslose Unterwerfung verlangen wie ein Diktator.«

Sie raffte ihre Rüschenröcke und zog ab. Ohne ein weiteres Wort.

Ich war nicht unglücklich, als Anton am nächsten Tage in ein Hotel zog.

Nachdem ich ihn dort mit seinem Smoking und den zehn Brockhaus-Bänden abgesetzt hatte, fuhr ich bei schönster Musik in den schönsten Sonnenuntergang und spürte eine unbändige Freude, weil niemand neben mir saß, der über meine Abbiegungen entschied. Dass ich tun und lassen konnte, worauf ich Lust hatte. Ich ließ mich in den Rhythmus der Radiomusik hineinfallen und genoss es unendlich, die leisen Stimmungen zu empfangen. Und mich danach dem Schreiben zuzuwenden.

Als erster Akt der neuen Freiheit, trommelte ich den Tross der Freundinnen zusammen. Wir trafen uns, schauten einander an und wussten Bescheid. Wortlos reichte mir eine von ihnen ein Taschentuch. Das war der Moment, da Dolly sich auf den Klavierflügel kniete, ihren Kelch in der Luft schwenkte und ihre kleine Ansprache hielt:

»Jahr um Jahr verliert der Baum seine Blätter, trotzdem wächst er. Jahr um Jahr vergießen wir Tränen. Trotzdem sind wir gesund und stark. Nichts ist Verschwendung, keine Liebe, kein Kummer, keine schlaflose Nacht. Wir gewinnen an Erfahrung. Das ist unser Leben.« Wir fielen einander um den Hals.

Ich saß wieder ganze Tage am Schreibtisch. Wie Blaise Cendrars, der eine wundersame Geschichte auszuästen begann, um eine wahre Geschichte daraus zu machen.

Auch in meinen Romanen gab es Kummer und Einsamkeit. Doch ich war Herrin über die von mir geschaffene Welt.

Nach vier Büchern wurde das Geld knapp.

»Was willst du im Leben?« Ich erinnerte mich an diese Elternfrage.

»Tanzen, bis ich tot umfalle. Über den Laufsteg spazieren. Romane schreiben.«

»Mit andern Worten: Du weißt nicht, was du willst, Mädchen. Lerne am besten das Bankgeschäft. Rechnen, Zinsaddieren, Bilanzieren, Spekulieren. Dann kannst du tanzen und schreiben.«

Ich wusste, wie recht mein Vater hatte und wie gut er es mit mir meinte. Weil ich um alles in der Welt Bücher verfassen wollte, musste ich mein spärliches Geld einteilen. Der Bedarf an Teilzeitangestellten in einem kaufmännischen Beruf war beschränkt. Ich hatte das Glück, dass die Bank mich kannte und darauf zählte, dass ich sofort einsprang, wenn Personal erkrankte, Ferien machte oder zum Militärdienst eingezogen wurde. Für meine Bücher hatte ich Unterstützungen von Bund und Kanton bezogen, diese aber inzwischen aufgebraucht.

Lesungen waren willkommene Gelegenheiten, um etwas Geld zu verdienen. Ich las nicht nur in Bibliotheken und Gemeindesälen, sondern auch bei privaten und halbprivaten Anlässen. Eine der originelleren Lesungen fand in einem Bauernhaus statt. Es war die Zeit der ausgedehnten Bautätigkeit, überall entstanden Großbauten. Man litt am Lärm, am Pendeln der Kranarme im Himmel und an Straßensperren. Dies weckte die Sehnsucht nach Heimeligem. Eine Malerin lud zu ›Kultur im Bauernhaus‹ mit dem Motto ›Wald und

Wiese‹. Die Einladung sollte eine Rebellion von Frauen gegen die unmenschliche Bauerei sein. Die Initiantin stellte ihre Liegenschaft zur Verfügung und steuerte kleine und große Bild-Tableaus bei. Plausch-Bilder nannte sie diese. Eine Antiquitätensammlerin arrangierte Töpfe mit Trockenblumen, Karaffen mit Waldbeeren-Schnaps und braute Liebestee. Eine Künstlerfreundin bot ihre handbemalten Blusen und Seidentücher an. Ich durfte meine Bücher verkaufen, bekam aber kein Honorar. Zur Lesung gab es Holzofenbrot, Speck und Most. Das Publikum durfte durchs Bauernhaus spazieren, sich im Hof an der alternativen Hühnerhaltung freuen, auf der Kachelofenbank ruhen und essen. Und natürlich stolperten die Besucher überall auf käufliche Bilder und Dekors.

Die Malerin hatte nur zahlkräftiges Publikum angeschrieben, das diese Atmosphäre schätzt. Sie schwor, dass niemand das Bauernhaus ohne ein erworbenes Ausstellungstück verlasse.

Die Freundinnen gerieten noch vor der Eröffnung in Streit. Die eine wollte der andern eine Bluse abkaufen. Das erlaubte die Initiantin aber nicht, denn sie reklamierte ein Vorkaufsrecht auf sämtlichen Gegenständen. Und prägte den Frauen ein, dass sie den Endpreis mache, die Marge kassiere. Schluss! Die Malerin setzte mit zwei Fingern einen Punkt in die Luft.

»Hier wird verkauft. Und zwar zu guten Preisen!«

Die Frauen wussten nichts von einem Vorkaufsrecht und waren verstimmt. Sie arbeiteten in dieser Bauernhausboutique für eine alternative Rebellin, die in Wahrheit als Finanzgenie das Heimelige in Bargeld umzuwandeln verstand.

DER HISTORISCHE ROMAN

Ich wurde den Gegenwartsthemen überdrüssig und hatte Lust auf etwas Unbekanntes. Historische Stoffe interessierten mich. In der Zeit mit Anton hatte ich alle Sagen der Innerschweiz gelesen. Sie erinnerten mich an meine Vorfahren auf der Rigi. Mein Großvater ist beim Einnachten mit seinem Betruf-Trichter auf einen Felsen gestiegen und hat seine Wünsche für Leute, Haus und Vieh zu den Sternen hinaufgesungen.

Jahrhunderte lang haben die Bergbauern am Herdfeuer von goldfunkelnden Schätzen erzählt, die manchmal aus dem Inneren einer Erdspalte leuchten. Manch einer hoffte, der glücklichen Finder dieser Spalte zu sein. In Wahrheit waren sie von Hunger und Krankheit geschwächt, wurden von heulenden Lawinen verschüttet, von Tannen erschlagen und von Wildwasser in die Tiefe gerissen. Jahrhundert um Jahrhundert. Die wundersamen Sagen von Ohnmacht und Glück wurde von einer Generation an die andere weitergegeben. Erst spät schrieb jemand die Sagen auf. Doch meinem Großvater kam kein Buch vor die Augen. Er hat den Jüngsten mit einer Schulfibel auf den Knien beim Melken überrascht, und mit einem Fußtritt samt Melkstuhl auf den Miststock geschleudert.

»Da kannst du studieren!«

Der Bub war mein Vater. Ihn konnte Großvater noch senkeln. Ihm konnte er die Flausen und das Wedeln mit Papier noch ›abkaufen‹. Bei der Enkelin gelang ihm dies nicht.

Ich lese. Ich schreibe. Eine ›Hiesige‹, ›ein Weibervolk!‹

Mein Vater hat dies mit Skepsis und Verwunderung wahrgenommen. »Eine Marotte. Das arme Kind!«

Er wog mein Buch ungeöffnet in der Hand. Was enthält es denn? Buchstaben, Zweithanderfahrungen. Wer liest das Zeug? Er nicht. Aber er stellte meine Bücher eins neben das andere ins Jagdzimmer zu den Geweihen.

Ich musste dem Zeitgeist meines historischen Romans nachspüren, um ein Schicksal glaubwürdig zu gestalten. Die Frage war: Wann gilt ein Roman als ›historisch‹? Manche Romane spielen in einem anderen Jahrhundert, werden aber als zeitlos bezeichnet. Gefühle sind zeitlos. Ideen und Vorlieben ändern sich. Meine eigenen Stimmungen ändern sich, manchmal von Stunde zu Stunde. Der Mensch bleibt in jeder Epoche, was er immer schon gewesen ist: Ein Bündel von Gefühlen. Ein Wesen mit Prägung, Hoffnung, Glauben, Fähigkeiten und Grenzen.

Bei meiner historischen Recherche im Archiv von Schwyz fand ich keine Biografie von unwichtigen Persönlichkeiten, schon gar nicht von einer Frau.

Niemand sah im Erforschen von Randexistenzen einen Sinn. Manchmal geriet eine armselige Person durch ein dramatisches Ereignis in den Mittelpunkt des öffentlichen Interesses. Ihre Geschichte wurde der nächsten Generation erzählt. In den Sagen der Gebirgstäler fand diese dann in veränderter Form einen Niederschlag.

Ich habe mir einige Gestalten der Innerschwyzer Sagen durch den Kopf gehen lassen und stellte einfachste Fragen. Wie sah der Tag dieser Person aus? Wie war der Wissensstand? Welche Möglichkeit hatte sie? Welche Wünsche? Welche Grenzen? Was geisterte damals in den Köpfen?

Ich begann die unbekannte Zeit Falte um Falte aufzugeschlagen und ging auf Spurensuche. Dabei fokussierte ich mich auf die ›Einfache Frau‹ statt auf die ›Wichtige Persönlichkeit‹. Der Stoff der ›bösesten Hexe der Innerschweiz‹ hat mich rasch gefangen genommen. Sie war 1753 als Hexe in den Turm von Schwyz eingezogen worden und ist dort gestorben. Die Prozessakten waren unauffindbar. Andere Akten von Hexenprozessen waren vollständig vorhanden. Diese aber musste unter den Teppich gekehrt worden sein. Vielleicht aus Furcht?

›Die Kastenvögtin‹ geistert durch alle Sagen als die ›böseste Hexe der Innerschweiz‹ und ist im Muotathal noch heute ein Begriff. Da die Hexenprozesse den Regeln des Hexenhammers ›Malleus maleficarum‹ folgten, glichen sie einander im Ablauf. Ich studierte sie und verwob sie mit der Geschichte von *Anna Maria Schmidig*. Vieles verdanke ich der Fantasie. Aber ich bewegte mich im Rahmen des Zeitgeists. Die damals herrschende Ordnung auferlegte den Leuten Zwänge, die wir heute nicht mehr kennen.

Für meine Leser hob ich jene vergangene Welt Stück um Stück aus der Dunkelheit, denn ich wollte das Schicksal der Kastenvögtin erlebbar machen. Das bedeutete, dass beim Lesen die Beweggründe und Geschehnisse nachvollziehbar werden mussten.

Ich wurde in den Beirat der Stiftung Künstlerhaus Boswil gewählt, als dieses teilweise als Heim für mittellose Künstler diente. Dort wurden regelmäßig Veranstaltungen, Kurse, Symposien, Tagungen und internationale Kompositionswettbewerbe organisiert. Ich selbst besuchte mit andern Schweizer Schriftstellern Theaterkurse der Schauspielschüler aus Zürich. Wir schrieben Texte und beobachteten ihre Umsetzung zu Szenen. Dies sollte dazu dienen, sich den geschriebenen Text besser als Stück vorstellen zu können.

Für eine Woche wohnten wir alle in Boswil. Mich bewegten die Erinnerungen einer gehbehinderten Pensionärin, die als Solotänzerin in allen großen Häusern Europas Erfolge feierte. Nun war sie kaum noch zu ein Paar Schritten fähig. Das Alter fesselte diese Künstlerin der Leichtigkeit an den Rollstuhl. Ihr Schicksal bewegte mich und blieb als weiterer Zeitfunke in meinem Gedächtnis haften.

Es war auch spannend, den Übungen der jungen Schauspieler zuzusehen. In ihrem Beruf war Teamarbeit wichtig. Sie hielten Monologe und Dialoge, betrieben Seelenforschung und näherten sich einander immer wieder von einer anderen Seite an. Ich hatte das Gefühl, dass alle alles voneinander wissen. Für mich war dies unheimlich und faszinierend zugleich. Eine andere Welt.

Es wurde viel über Kunst gesprochen.

Kunst sei Provokation. Was nicht provoziere sei Nichtkunst. Und so ging nun eine der Balletteusen auf den Hauptbahnhof in Zürich und tanzte mit einer langen Gummi-Röhre. Sie benutzte diese als Barriere für eilige Reisende. Dies erzürnte einen Geschäftsmann. Er brach sich seine Bahn, indem er die Röhre aus ihrer Hand geschmettert hat. Die Balletteuse erklärte uns dann, dass der Mann ihre Kunst nicht verstanden habe. Er sei primitiv. Sie nahm diesen Anlass als Beweis, dass das gemeine Volk Kunst dringend nötig habe.

Wieder zu Hause sortierte ich meine Post. Ich las die dicken Briefe, denen Fotos und Dokumente beilagen, die mit meiner Stellungnahme zurückerwartet wurden. Die einen wünschten ein Treffen, die andern ein Telefongespräch.

Statt mich nach der Rückkehr in die Arbeit zu stürzen, musste ich mir Zeit für Menschen nehmen, die ich noch nie gesehen hatte. Gleichzeitig quälte mich ein schlechtes Gewissen. Was erwartete man denn von mir? Etwas Aufmerksamkeit, ein kleines bisschen Freundlichkeit. Und dass ich sie nicht von meinem Leben ausschließe, sondern mich ihnen ein Zipfelchen öffne.

Doch ich starrte voll Schrecken auf meine Post. Sie überforderte mich.

Mir fielen die Übungen der Schauspielschüler ein, mit denen sie sich beruhigt hatten. Ich streckte mich flach auf dem Boden aus, schloss die Augen und atmete tief durch.

Am nächsten Tag verwandelte der erste Frost die Landschaft vor den Fenstern. Eine Gaze hatte sich übers Dorf gesenkt und löste die Staffel der Häuser am Hügel auf. Es schien als spielten die gefrorenen Gräser Harfe. Die Kühle war belebend. Ich erlag diesem Winterweiß jedes Jahr von Neuem. Eine wunderbare Klarheit ging von ihm aus.

Dann kam der Postbote.

Ich sah ihn einen dicken Umschlag in den Kasten zwängen. Der Axman meldete sich. Seit seiner Verfolgung durch halb Österreich hatte er mir nicht mehr geschrieben und ich nahm an, er habe aufgegeben. Vielleicht war er an Anton geraten, als er seine Holzscheiter kontrollierte, die er mit dem Traktor angeliefert hatte. Nun war Anton nicht mehr im Haus und Axman konnte wieder dicke Briefe schicken.

Er setzte mich von seinem neuen Beschluss in Kenntnis:

»Ich will mit meinem Holderenköpflein nicht bloß einige Stunden in der Eisenbahn oder in einer Hotellobby oder in der Ecke eines Lesesaals verbringen, sondern die ganze Zukunft. Bis dass der Tod uns scheidet!«

Ich ließ alle Rollos ratschen.

Mit meinem Flitzer fuhr ich einige Zeit in die Innerschweiz, froh, dem Postboten zu entkommen. Mein historischer Roman verlangte Forschungsarbeit im Archiv von Schwyz. Ich studierte das Leben der Menschen im 18. Jahrhundert. Die schön gemalten Schriftzüge von Leuten, die jene Zeit erlebt hatten, brachten mich zum Träumen. Es war als raffe ich einen Vorhang zurück. Diese Menschen wurden mir langsam vertraut.

Die Grenzen waren vor einigen Hundert Jahren enger. Sie ließen den damals Lebenden so viel wie keinen Raum zur Entfaltung. Die technischen Möglichkeiten und das damalige Wissen waren beschränkt. Man lernte von den Vorfahren und aus den eigenen Erfahrungen. Mir wurde klar, dass ich mich beim Schreiben eines historischen Romans in Menschen versetzen musste, die unsere Freiheiten, Rechte, Versorgung und Bildung nie kennengelernt haben. Ich wusste aber auch, dass die Klaviatur der Gefühle sich in allen Zeiten gleichbleibt.

Die Sagen erzählen von Frauen, die einen Schritt aus dem zweiten Glied nach vorn wagten. Sie faszinierten mich. Ich bewunderte ihren Mut, ihre Tapferkeit, ihre Eigenständigkeit. Aber diese Frauen wurden von der Wirklichkeit bald brutal zurückgeholt. Im 18.und 19. Jahrhundert war es noch zu früh für den Aufstieg von fähigen, eigenwilligen und starken Frauen. Sie hatten ihre Rolle als Frau, Mutter, Dienstmagd, Hure zu spielen. Oder sie wurden erniedrigt, verachtet, verstoßen, ausgebeutet und getötet. Die Romane DAS LACHEN DER HEXE, DIE FALSCHE HERRIN zeigen ihren Alltag, ihre Verletzungen, ihre Träume, ihre Möglichkeiten und Grenzen. Sie werden ihnen von den Verhältnissen der Zeit gesetzt. Große Träume standen ihnen nicht zu. Die Zeit, in der Frauen sich ein Leben nach ihrem Wunsch aufbauen konnten, war noch nicht reif.

Wann war sie reif? Mit dem Frauenstimmrecht? Die Gleichstellung, die heute für uns selbstverständlich ist, wurde erst nach jahrzehntelangem Einsatz gegen den Widerstand der Männer erkämpft. Die Basler Bürgersfrau Iris von Roten (1917–1990) war eine der ersten Schweizerinnen mit einem Universitätsabschluss in Recht. Als sie das Buch ›Frauen im Laufgitter‹ veröffentlichte ging ein Sturm der Entrüstung los. Die Folgen brachten sie an den Rand des Suizids. Am 29.4.1990 stimmte die Landsgemeinde in Appenzell-Innerrhoden erneut geschlossen Nein. Erst die Klage der Appenzellerinnen vor dem Bundesgericht, angeführt von Theresia Rohner, erwirkte ihr Stimmrecht auf kantonaler Ebene.

Zehn Jahre nach dem Rücktritt der Magistratin Elisabeth Kopp verbreitete sich in der Öffentlichkeit die Meinung, es sei unserer ersten Bundesrätin übel mitgespielt worden. Nun war man überzeugt, dass ein Mann niemals in eine derartige Kampagne geraten wäre.

»Die Affäre war eine absurde Reaktion«, fand die Politikerin Lilian Uchtenhagen. »Man ist nur noch über Frau Kopp hergefallen.«

Mit diesen Feststellungen war die Gerechtigkeit hergestellt und die männlich besetzte Regierung war wieder im Lot. Es gab wichtigere Probleme zu lösen als die Frauenfrage.

Wieder ein Frühling. Die Wiese voll Löwenzahnpunkte. Sie verlockte zum stundenlangen Schauen. An solchen Tagen erschien Dolly Esquiero. Als spüre sie, dass wir solch einzigartige Momente zusammen genießen sollten. Sie legte Panflötenmusik auf. Wir tanzten, jede für sich. Das Leben steckt Grenzen, bietet aber Möglichkeiten: Das war für mich ein Thema. Ich begegnete ihm auf Schritt und Tritt. Es genügte, dass ich die Zeitung aufschlug. Es genügte, dass ich ins Kaffee ging, wo der Hund des Kellners auf mich wartete.

Es genügte, dass ich ein Paar belauschte. Der Frau und der Mann hatten sich ein Mäuerchen gebaut. Sie redeten freundlich, beschränkten sich aber aufs Notwendige. Das Frühstück spielte sich so ab:

Er fragt: »Möchtest du Brot?

Sie antwortet: »Gern.«

Er reicht ihr den Korb.

»Danke«, sagt sie.

»Bitte«, sagt er.

Die Worte durchschnitten die Luft und blieben stehen.

Ja, ich war indiskret. Eine Sammlerin der winzigen Schrecken und alltäglichen Momente von Glück. Ich notierte sie, bedachte sie und versuchte auf diese Weise, dem Leben auf die Spur zu kommen.

Natürlich ist Literatur nicht das Leben, sondern eine Variation. Ich überlege mir eine Geschichte. Ich zwinge eine Figur in ein Schicksal. Als Autorin bin ich in einer besseren

Situation. Ich habe eine Wahl. Doch ich muss auch entscheiden.

Meine Figuren leiden – ich drechsle Sätze.

Sie erschöpfen sich in der Enge ihres Raums – ich vagiere durchs Labyrinth meiner Fantasie. Im Grunde verziere ich meine Existenz mit der Arabeske eines Buchs.

»Was ist das Besondere daran?«, wollte Dolly wissen.

»Diese Tätigkeit macht mich glücklich. Sie füllt mich aus. Ich vergesse, dass ich nur ein Aufblitzen in der Geschichte der Schöpfung bin. Wir beide werden erlöschen. Kein angenehmer Gedanke. Mein Verstand ist zu klein, diese Bedeutung für mich überhaupt zu fassen. Oder erklär mir, was das Besondere an einem Sprung über den Abgrund ist. Oder am Erstürmen eines Gipfels?«

Sie dachte nach und schüttelte den Kopf. Vielleicht müsste man die Aussteiger, die Ehemüden oder die Ferraris dieser Welt fragen. Sie haben mit ihrem Akt rebelliert. Wer weiß, wogegen. Die Eintönigkeit vielleicht? Das Altern, die Ohnmacht, die Antriebslosigkeit, ihren Überdruss? Oder einfach gegen das große Ganze? Denn wir spielen darin nicht die mindeste Rolle.

Ich war oft versucht, das nächste Buch unter anderem Namen zu veröffentlichen. Es hätte mich gereizt, mir eine Identität zu gestalten und mich für einige Zeit darin zu verlieren. Erstlingswerke sind auf dem Buchmarkt geschätzt. Auch das Buch einer geheimnisvollen Person, die noch nie jemand zu Gesicht bekam, erzeugt bei den Lesern besondere Aufmerksamkeit. Ich kenne eine Autorin, die von einer Identität in die andere umsteigt. Meistens aber schreibt sie unter einem Männernamen. Sie verfasst auch gleich die Lobeshymnen fürs

Buch unter einem Kritikernamen mit Doktortitel. Die Autorin ist unerschöpflich im Erfinden von Doktoren, die noch nie als Buchkritiker aufgefallen sind. Ich habe über mein Ansinnen mit dem Verleger geredet. Er verwarf die Idee. Ein jedes meiner Bücher trage meine Handschrift. Keines könne die Autorschaft verleugnen.

Mein Schreibplatz am Hang bot Überblick auf die Senke und den Jurahügelzug. Man vernahm das regelmäßige Rauschen der Autobahn, sah die Aare, die am Rand des Dorfs gegen den Felsriegel der Festung Aarburg zieht und überschaute auch ein Stück der Straße zum Haus. Wenn ich von der Arbeit aufsah, bemerkte ich anfahrende Besucher und konnte rasch reagieren. Ich schaute zwischendurch immer auch zum Gebüsch. In Schussweite bildet dieses eine langgezogene, üppig mit niederen Sträuchern bestückte Kuppe. Dort konnte sich jemand verbergen. Ich war beim Schreiben auf der Hut.

Das ruhig gelegene Haus hat mich wie ein Schneckengehäuse umgeben. Ich war froh, dass ich darin wohnen durfte. Für dieses Privileg verzichtete ich auf vieles, damit ich den Zins aufbringen konnte.

Ich erinnere mich an einen Ausspruch des Schriftstellers Werner Schmidli, der das Haus betrachtete, als nehme er Maß, und mit einem sonnigen Lächeln sagte:

»Euresgleichen in Einfamilienhäusern sollte man erschießen.«

Er war stolz auf seine kommunistische Parteizugehörigkeit.

Da ich an einem historischen Roman arbeitete, musste ich mich durch Zeit-Gardinen kämpfen, um in die heutige Epoche zurückzukehren. Nur mit Fingerschnippen schaffte ich dies nie. Ich hatte immer den Eindruck, ich kehre von einem anderen Planeten in meinen Alltag zurück.

Vielleicht ging es anderen Menschen in anderen Berufen ebenso. Sie tüfteln, knien sich in ein Problem, verrennen sich hin und wieder und kehren dann aus unendlicher Ferne nach Hause zurück.

Eine Zeitschriftenredaktion glaubte, dass es einen Leitartikel benötigt, um Leute wie mich und Axman und den Wolf im Schafspelz, die ihre Zeit auf einer fremden Galaxie verbringen, zu Kontakten zu überreden:

›Ehe Sie weiterlesen, greifen Sie zum Telefonhörer, wählen Sie die Nummer Ihrer Frau, Freundin oder sonst eines lieben Menschen. Versuchen Sie spontan einen Kontakt herzustellen. Die Elektronik verändert unsere Welt, folglich ist auch in menschlichen Belangen eine Veränderung notwendig. Seien Sie offener, ehrlicher, herzlicher!‹

Nach dem Lesen dieses Textes, setzte ich mich sofort in meinen kleinen Flitzer, sauste ins Dorf hinab und besuchte einen Supermarkt. Nur um Leute zu sehen. Nur um Menschen zu begrüßen und eine Weile mit dem Drahtwagen bei ihnen zu stehen. Danach setzte ich mich im Kaffee zum alten Hund des Kellners. Er fahre gern Schiff, Auto und Motorroller, erzählte mir der Kellner.

»Wir planen zusammen eine Reise mit der Vespa nach Portugal. Ich vorn. Er hinten in einer Kiste, die bei schlechtem Wetter mit einer Blache zugedeckt wird.«

Der Hund war das einzige Wesen, das der Kellner liebte. Er redete immer im Plural.

»Wir sind drei Monate unterwegs und schlafen im Zelt.«

Er hob das Tischtuch, der Hund blinzelte hinauf. Sein

Herr schlug mit dem Wedel auf den Tisch und marschierte zur Theke. Er verdiente hier wenig.

»Aber wir nehmen nur Saisonstellen, wo wir beide akzeptiert sind.«

Anlässlich der Rauriser Literaturtage habe ich Ilse Aichinger kennengelernt. Sie und ihr verstorbener Mann Günther Eich waren für mich Vorbilder im Bereich des neuen Hörspiels. Ich hätte gern mit Frau Aichinger darüber gesprochen. Doch mein Versuch, sie näher kennenzulernen, war nicht erfolgreich. Sie huschte ins Restaurant unseres Hotels, setzte sich allein an einen Tisch, schickte ein freundliches Lächeln zu mir, vertiefte sich dann aber gleich in ihre Papiere. Wie ich später las, zog sich die Autorin kurz nach diesem Besuch in Rauris fast völlig aus der literarischen Öffentlichkeit zurück.

Dafür besuchte ich das Bergdorf. Es war Erntedankfest. Ein Bauernjunge ritt ein junges schwarzes Pferd. Als er an mir vorbeiritt, richtete er sich in den Steigeisen auf, zwickte mit der Geißel über Kopf und Schwanz. Das Pferd hielt still, obwohl es die Prozession, wie man mir sagte, zum ersten Mal mitmachte und es sicher für das Pferd eine Tortur darstellte, sich seinen Weg durch die aufgeregte und schreiende Menge der Zuschauer bahnen zu müssen. Am Ansatz seines gelockten Schweifs war ein Strauß aus Rosen und Schleierkraut fixiert. Eine hellgelbe Kreppschleife hing bis zum Boden. Beim Schreiten wehte sie dem Pferd wie ein Brautschleier hinterher.

Natürlich besuchte ich den Friedhof. In Österreich sind diese eine Besichtigung wert. Ich fand ein Grab mit der Gedenktafel ›Für die Jungfrau und Hausbesitzerin X und deren

Schwester die Jungfrau Y, die durch die Hand eines Raubmörders umgekommen ist.‹ Der Bürgermeister gestand, dass man Grabinschriften nie ganz Glauben schenken dürfe. Mit der ›Jungfrau‹ sei das so eine Sache gewesen. Sie hätte ein Kind erwartet und der Bauer habe sie erschlagen. Jedermann in diesem Dorf wisse, dass diese Jungfrau nicht durch die Hand eines Raubmörders gestorben sei. Aber nach außen hin wirke es besser, wenn man die Idee aufrechterhalte, dass ein fremder Raubmörder ins Bergdorf gedrungen ist, um eine Jungfrau zu töten, danach unerkannt weiter zu ziehen.

Hundert Jahre später hatten die Frauen einige Verbesserungen erreicht. Inzwischen gehörte es in Rauris ja schon fast zur Regel, dass Schriftstellerinnen als Botschafterin von Deutschland und der Schweiz einen Rauriser-Preis für Literatur entgegennehmen.

Die Anfrage des Schweizer Botschafters Hartmann, eine Lesetournee durch Dänemark und Schweden zu machen, kam mir gelegen. Dies machte mich unerreichbar für die Zukunftspläne von Axman. Bis das Holderenköpflein wieder am Schreibtisch sitzt, hat er seine Idee vergessen.

Die Einladung in den Norden galt nicht nur für mich. Ich wurde dort an der Seite von Mandy empfangen. Am Flughafen von Stockholm rief man uns in den VIP-Salon, draußen wartete die Limousine des Schweizer Botschafters. Mandy trug seine graue Flanellhose eines Bankdirektors, seinen dunkelblauen Blazer eines College-Schülers, den roten Schal, den er aus Furcht vor Erkältungen um den Hals wickelte und seinen breitrandigen Hut, der ihn noch größer erscheinen ließ, und inzwischen sein Markenzeichen war. Er zog ihn bis knapp über die Augen. Dies zwang ihn, seinen Kopf zu heben, um besser zu sehen, ob ihn am schwedischen Flughafen jemand erkenne.

Der Vorstand in Stockholm kündete uns den Besuch ihres prominentesten Schriftstellers Peter Weiss an und deponierte seinen herzlichen Gruß an mich. Mandy schoss vom Stuhl hoch. Sein Zorn richtete sich gegen mich, weil Peter Weiss meinetwegen zur Lesung kam. Obwohl er der Lieblingsschriftsteller von Mandy war und er dies in mehreren Arbeiten erwähnt hatte. Am meisten ärgerte er sich, weil zwischen Peter Weiss und mir seit Jahren ein guter Kontakt bestand und ich dies nie nur mit einem Wort erwähnt hatte.

Mandy vergaß den Vorstand des schwedischen Schriftstellerverbands. Er durchmaß mit langen Schritten das Sitzungszimmer, fuchtelte und verbrannte mich bei jeder Kehre mit einem Feuerblick. Dann setzte er sich wieder an unseren Tisch, rückte seine Brille zurecht und gab bekannt, dass er die Lesung allein bestreite. Ohne das Schriberli.

Ich wandte den Kopf ab, um ihm zu verstehen zu geben, dass meine Gedanken lange ausschweifende Spaziergänge machen.

Dem überraschten Vorstand gelang es, den Aufgewühlten zu beruhigen. Es war allen peinlich, denn die Lesung war von der Schweizer Botschaft für zwei ihrer Schriftsteller angesagt und seit Langem vorbereitet worden.

Sie erklärten, dass Peter Weiss selten zu einer Lesung komme. Doch als er den Namen Schriber hörte, habe er sofort zugesagt. Sein Besuch sei selbst für den Verband ein Privileg. Er würde sicher auch Mandys Lesung hören wollen und bis ans Ende ausharren.

Mandy wurde ruhig.

Am folgenden Tag waren wir zu Peter Weiss ins Atelier eingeladen. Unbemalte Leinwände umgaben ihn dort. Mandy hatte Gelegenheit ihm zu sagen, dass er ihn in seiner Arbeit erwähnt. Und Weiss wollte wissen, was wir zu den Studentenunruhen in Zürich sagen.

Es gebe verschiedene Probleme, meinte Mandy, vermochte sie aber nicht im Detail zu benennen.

»Seid ihr mitmarschiert?«

»Das Schriberli ist jedenfalls nicht mitmarschiert. Es hat am Radio gesprochen. Gesagt, dass es keine Ahnung habe, um was es gehe, unser Schriberli!«

Peter Weiss blinzelte mir zu. Er begriff meine Situation, wollte kein Öl ins Feuer gießen und wechselte das Thema. Es war das letzte Mal, dass ich diesen großartigen Schriftsteller traf. Er starb am 10. Mai 1982 in Stockholm.

Von Schweden brachen Mandy und ich nach Dänemark auf. Wir waren dort gemeinsam zu einem Gespräch mit Studenten der Universität von Kopenhagen eingeladen. Mandy wurde um einen Kommentar zur Schweizer Gegenwartsliteratur gebeten. Er sagte, nach Keller, Dürrenmatt, Frisch und Bichsel, da gebe es nur noch zwei lesenswerte Schriftsteller. Nämlich Muschg und ihn, Mandy.

Er hielt es nicht für nötig, zu erklären, dass in der Schweiz nicht nur Männer literarische Werke verfassen. Fand es nicht der Rede wert zu erklären, dass eine Schweizer Schriftstellerin anwesend sei, um hier für das Werk dieser Frauen einzustehen.

Er nutzte jede Minute. Ich packte meinen Vortrag ein. Aber ich weigerte mich, mit Mandy in die Schweiz zurückzukehren. Ich wollte noch einige Tage in Kopenhagen bleiben. Er war sehr verärgert.

«Wir kamen zusammen. Traten zusammen auf. Reisen zusammen zurück, basta!«

Doch es war zu spät für seinen Protest. Um den Flug zu erwischen, musste er sich ins Auto des Botschafters werfen.

FRAUEN BEANSPRUCHEN IHREN PLATZ

Ja, Frauen waren sichtbar. Die Emanzipation fand statt, in der Kultur, den Unternehmungen, den staatlichen Betrieben, den Verwaltungen. Vieles war nun selbstverständlich. Zumindest auf den ersten Blick. Nicht jeder Mann fand sich damit ab. Mandy zum Beispiel stimmte nach außen hin zu. Er war doch ein Intellektueller und kein Gestriger. Fortschritt war wichtig. Viele empfanden wie er. Im Inneren brodelte aber ein Aufstand. Es brauchte nur wenig, damit der Ärger aufloderte und sich in einer Explosion von Wut entlud.

Waren Frauen zu empfindlich? Schonung gewohnt?

Machtkämpfe wurden nun mit härteren Bandagen gefochten. Vom Krieg unter Männern waren die Frauen nicht mehr ausgeschlossen.

Im Jahr 1993 stand wieder eine Frau zur Wahl. Aber diese entsprach nicht der allgemeinen Vorstellung von einer weiblichen Frau, denn Christiane Brunner war weder moderat noch angepasst. Sie hatte ein Vorleben und ein Nebenleben mit Patchworkfamilie. Man kannte von ihr auch kesse Sprüche. Es hieß, die Bundesversammlung sehe sich gezwungen, anstelle der offiziellen Kandidatin einen Mann zu wählen.

Ein gellendes Pfeifkonzert schallte von der Zuschauertribüne. Die Nichtwahl bedeutete eine Beleidigung für die

Frauen. Dass die männlich dominierte Politik weibliche Machtteilhabe permanent verweigerte, war nicht noch einmal tragbar. Es kam zu einer breiten Protestbewegung der Frauen. Ihre Solidarisierung bewirkte Druck auf Gremien, Verbände, Gewerkschaften und Parteien. Frauenthemen und -forderungen kamen wieder auf die Tagesordnung. Ein Initiativkomitee ›Frauen in den Bundesrat‹ wurde gegründet. Und nach sieben dramatischen Tagen wurde die Gewerkschafterin Frau Ruth Dreifuss zur Bundesrätin gewählt. Sie bezeichnete sich selbst als »eher bieder«. Und man begriff es als unbestreitbaren Vorteil, dass sie keinen Ehemann hatte, der Staatsgeheimnisse für krumme Geschäfte nutzen konnte, denn sie war ledig.

Einen Frühling und Sommer lang trug Dolly fremdländische Roben. Sie war eine Japanerin, eine Thailänderin und eine Bali-Prinzessin. Sie tauchte im Fenster meines Arbeitszimmers auf, sang ein paar Takte, schickte ein perlendes Gelächter zum Himmel und verschwand.

Im Herbst zerrte Dolly einige dieser fremdartigen Kostüme zum Brandplatz bei meinem Gebüsch und ließ sie in Flammen aufgehen. Die neue Ära begann am Seil ihres Lieblingsbergsteigers Bruno Petroni. Zusammen erkletterten sie mit Rucksack, Steigeisen und Pickel einen Berg um den anderen.

Dolly war Tausende. Und doch nur immer die Eine. Für ihre Liebhaber war sie die Verheißung und der letzte Strohhalm.

»Wie machst du das?«

»Was meinst du?«

»Jeder deiner Tage ist einzigartig und spannend. Wie hältst du das aus?«

»Das Leben ist kurz, Cara. Ein einmaliges Geschenk. Ich will es nicht vergeuden.«

Dolly fand, auch ich würde alle meine Möglichkeiten wahrnehmen.

»Du nutzt doch auch dein Talent.« »Schreiben ist meine Blitzzeichnung am Himmel. Der Eintrag ins Buch des Lebens. Ich glaube, dass ein Mensch nur in den Augenblicken existiert, die er gesehen, bedacht und begriffen hat. Bücher sind wichtig. Solange wir uns erinnern, gehen wir nicht verloren. Jede Geschichte stellt ein Zipfelchen Lebenszeit ins Licht.«

Dolly und ich unterschieden uns im Grunde wenig. Wir versuchten jede auf ihre Weise unserem lächerlich kurzen Auftritt in der Sternensuppe etwas wie eine Bedeutung zu geben. Dies gab uns die Idee, wir seien dadurch nicht ganz unserem Schicksal ausgeliefert, sondern könnten es in unsere Richtung lenken.

Axman trat aus dem Schatten ins Licht. Er klingelte an meiner Tür.

»Mein Holderenköpflein«. Er sang diese zwei Worte mit Bassstimme. Breitbeinig stand dieser Mann da, lachte, öffnete beide Arme und erwartete mein Hineinrennen. Der Name passte zu ihm. Mit seinem Bart, seinen kniekurzen Hosen, den muskulösen Armen erinnerte er an einen Holzfäller. Zu seinen Füßen stand eine Tüte mit Essware. Mit einem scheuen Lächeln anerbot er sich, die Tüte für mich in die Wohnung tragen zu dürfen. Sein Gesicht verschwand hinter der riesigen Papiertasche, als er damit hinter mir her wackelte. Im Wohnzimmer stellte er sie zu Boden und holte einen Stuhl.

»Setz Dich! Ruhe und genieße, Holderenköpflein!«

Ich setzte mich, überrumpelt von seinem Befehl. Ich sah

zu, wie bedacht er alles inszenierte und sich sekundenschnell in einer fremden Küche zurechtfand. Er zog eine Bratpfanne aus der Schublade, drehte den Kochherd auf, wirbelte ein Butterstück hinein und brutzelte Eier. Er fand den Korkenzieher für den Wein und das Messer fürs Brot. Es sei ihm eine Ehre, mich bedienen zu dürfen.

Ich kann aber nicht essen, wenn jemand neben meinem Teller steht. Er setzte sich zu mir. Er esse mit Freuden einen Happen mit mir. Er hatte einen guten Appetit und schlug weitere Eier in die Pfanne. Mit einem Handkuss auf meine Fingerspitzen ging Axman zufrieden nach Hause.

Ich konnte nicht schlafen, sondern starrte die halbe Nacht zur Decke meines Zimmers. Die Selbstverständlichkeit wie Axman kam und ging war unheimlich.

»Passiert das auch Männern?«, habe ich Dolly gefragt.

»Nein! Niemals! Frauen fehlt diese verdammt hohe Selbsteinschätzung.«

Die historisch gefärbten Romane lehrten mich dankbar sein. Vor hundert Jahren war das Volk den Regierenden und Naturkatastrophen auf Gedeih und Verderb ausgeliefert. Die Menschen waren in einen Stand geboren und mussten bis zum Tod in ihren Verhältnissen ausharren. Es gab keine Möglichkeit auszubrechen. Dies betraf vor allem Arme, Schwache, Kranke, Alte und Waisen. Aber für weibliche Personen galt dies in besonderem Maß. Sie hatten auf nichts einen Anspruch. Der Tod erschien vielen Menschen als das Beste, das ihnen in diesem trübseligen Leben widerfahren konnte.

Beim Schreiben wurde mir klar, wie privilegiert ich bin. Dies ist ein guter Ort. Und die beste aller Zeiten. Ich kann mir ein Ziel stecken und versuchen es zu erreichen. Niemand hindert mich. Nichts bindet mich zurück. Es kommt nur auf mich an. Meinen Willen, meine Ausdauer, meine Zähigkeit, meine Disziplin. Und auf den unverbrüchlichen Glauben, dass ich es schaffe.

Am nächsten Nachmittag kam Axman wieder, räumte Wein in den Keller und Vorrat in den Kühlschrank. Er bewegte sich jetzt im Haus, als hätte er immer hier gewohnt. Ich sagte, dass er gehen und seine Ware mitnehmen soll. Als er sich nicht rührte, sondern mit gegrätschten Beinen im Wohnzimmer stand und die Arme vor der Brust verschränkte, verlor ich die Nerven. Ich glaube, ich schrie.

In meiner Erinnerung senkt er nur den Kopf, als warte er das Ende eines Platzregens ab. Erst als ich erschöpft auf die Treppe sank, zog Axman sich leise zurück.

Nach Mitternacht kam er wieder. Er ging auf Zehenspitzen. Ich wagte kaum zu atmen. Er deponierte einen Harass mit Hausrat vor der Tür. Dann einen zweiten Harass. Danach verließ er den Ort so leise, wie er gekommen war.

Ein Brocken pflanzte sich in mein Leben.

Wie sollte ich reagieren?

»Du hast ein Türschloss!«, fand Dolly

Sie hatte wenig Zeit für solche Themen. Schon seit Wochen hatten wir uns nicht mehr getroffen. Sie erlebte eine Zeit großer Aufregung. Pepe Lienhard hatte sie für seine Tournee mit der Swiss Army Bigband als Sängerin im Trio ›Swiss Singing Sisters‹ engagiert.

Die Tournee sollte schon bald beginnen. Die Sisters waren mit Einüben der Liedtexte, der Gesänge und der Choreografie beschäftigt, zudem gab es Kleiderfragen und unzählige Details zu besprechen.

Einige Tage herrschte Ruhe. Keine Briefe. Keine Besuche. Keine Anrufe.

Axman hat aufgegeben, dachte ich. Doch wie ich von der Arbeit aufschaue, steht der Mann vor meinem Fenster.

Ich riss das Fenster auf und wies ihn mit gestrecktem Arm fort. Meine Reaktion amüsierte ihn. Er lachte wie übers Aufplustern von einem Kleinkind. Er sagte, das Haus nebenan sei zum Verkauf ausgeschrieben. Er kaufe das Haus. Wir seien bald Nachbarn. Und er stehe auf seiner künftigen Parzelle.

»Du kannst mich nicht fortschicken, mein Holderenköpflein.«

Ich war sprachlos. Ich begriff, dass er bereits mit der Bank über den Hauskauf verhandelt hatte. Also musste er jedes Detail bereits geplant haben. Ich ging zu ihm, damit er mir diese Sache erkläre. Er erklärte es mir mit wenigen Sätzen in einem freundlichen, beinah väterlichen Ton.

»Du und ich ziehen quasi zusammen. Lassen einander aber Luft.«

Vom ersten Tag an, würde er für mich mitkochen. Als Gegenleistung könne ich das Kleinkind seiner Schwiegertochter hüten. Sein Sohn würde ab und zu meinen Flitzer ausleihen. Täglich hole er aus meinem Keller eine Flasche von seinem Wein, denn das Nachbarhaus besitze keinen Keller.

Er schien von seinem Lebensmodell überzeugt. Wir erfahren das größtmögliche Glück in gegenseitiger größtmöglicher Freiheit. Es würde eine fantastische, eine grandiose Zeit.

Ich schrie: »Ich ziehe hier aus!«

»Ach mein Holderenköpflein, egal wohin du ziehst, ich werde immer das Nachbarhaus kaufen! Wir gehören zusammen. Fühlst du das nicht? Dies ist uns so bestimmt.«

Ich trommelte mit den Fäusten gegen die Mauer meines Hauses. Er wartete das Ende meines Wutanfalls ab. Seine Antwort war leise und besorgt.

»Du hast mit bösen Worten auf mich geschossen, ich verzeihe dir viel. Beinah alles. Aber wenn ich schieße, dann mit scharfer Munition.«

Ich ließ meinen Kopf an die Mauer fallen. Schon wieder, dachte ich. Erst Ypsilon. Jetzt Axman. Sie durchsieben mich.

Als ich mich drehte, stand Axman nicht mehr da. Ich rief Dolly an, um zu klagen und heulen. »Nichts wird so heiß gegessen wie gekocht«, fand sie. Dieser Mann sei vielleicht psychisch krank und erleide gerade einen Schub.

»Du darfst ihn auf keinen Fall ermutigen und ebenso wenig zu einem Wutausbruch reizen!«

Ich war verzweifelt. Ich ging durch den Garten und sog den sauerherben Duft tief in mich. Die Luft war lau. Ich begann zu laufen, bog ins hohe Gras der Wiese, lief über aufgebrochene Erde, umkreiste einen Strauch, hüpfte auf die Ruhebank, überkletterte ihre Lehne und rannte dann in den Wald. Immer weiter. Immer tiefer.

Ich spürte mein Federn, meine Elastizität und Kraft. All meine Zuversicht kehrte zurück. Zu Hause ließ ich ein Bad einlaufen und drehte Radiomusik an. Dann kämmte ich vor dem Spiegel mein Haar, zog ein blütenweißes Kleid an, öffnete mein Beauty Case und begann mich zu schminken.

Dollys erster Auftritt als eine der ›Swiss Singing Sisters‹ im Kursaal von Bern war schon bei der Vorkasse ausverkauft. Viel Publikum würde den Saal füllen. Sie befand sich in einem Zustand äußerster Anspannung. Da ich sie noch nie so fahrig erlebt hatte und selbst kaum Lampenfieber kenne, war ich alarmiert. Ich wollte ihr beistehen, sie ablenken, beruhigen. Aber sie wünschte keinen Besuch. Ich sei ihr keine Hilfe, sie müsse allein da durch.

Ich fand, sie habe recht. Jede muss allein durch ihren Schlamassel. Ich war am Schreiben, als ihr kleines Auto auftauchte. Sie hüpfte in meinen Garten, um zehn Minuten den Kopf auszulüften. Sie mochte nicht reden und hinderte mich, ihr meine guten Wünsche auf den Weg mitzugeben. Schüttelte nur die Mähne, setzte sich ins Auto und fuhr nach Bern.

Mein neuer Roman war beinah beendet, als mein Bruder Max mich wieder einmal zu sehen wünschte. Die Lücke zwischen meinen Besuchen war zu lange geworden. Doch wegen der Arbeit zögerte ich meinen Besuch hinaus. Plötzlich erhielt ich die Nachricht von seinem Sekundentod. Ein Schock für alle. Mein Bruder war kräftig, gesund und jung.

Ich wand mich aus Reue über meinen abgesagten Besuch. Ich konnte nicht glauben, dass ich sein herzliches schönes Lachen nun nie mehr sehe. Nie mehr meine Arme um ihn schlagen. Mich nie wieder zu ihm retten kann.

Das Leben!

Ich hatte es dem Schreiben geopfert.

Bei alldem gab es aber einen Punkt, der mich über die Maßen irritierte. Im neuen Buch kam auch eine Frauenfigur vor, die regelmäßige Friedhofbesuche macht. Sie redet am Grab mit ihrem Bruder, der an einem Herzschlag starb. Seit zwei Jahren schrieb ich von diesen Friedhofbesuchen. Auf eine Weise nahm ich vorweg, was nun in Wirklichkeit geschah.

Kann es sein, dass innere Schau, Fantasie, Einfühlungsvermögen und prophetische Veranlagung derselben Gabe zu verdanken sind?

Seit Generationen vertraute man in unserer Familie auf die eigenen fünf Sinne. Mein Vater war überzeugt, dass große Ereignisse sich ankünden und sein Gespür es ihn frühzeitig wissen lässt.

Doch der Tod seines Sohns hatte ihn überrumpelt. Dies ließ meinen Vater fast verzweifeln. Er rannte aus dem Haus, ohne sich zu waschen oder die Zähne einzusetzen. Sein Jagdhund schnappte sich sein Gebiss und rannte hinterher. Einen ganzen Tag irrten die beiden durch den Wald. Der Hund fraß das Gebiss und Vater greinte in seine Handflächen. Dass er dieses größte Unglück seines Lebens nicht erahnen konnte, warf ihn aus der Bahn.

Er war zahnlos. Ohne den einzigen Sohn. Ein halber Mensch.

Danach verlor er seinen sicheren Stand. Er begann zu taumeln. Ich musste der Tatsache ins Auge sehen, dass mein Vater nun allmählich verschwand.

Ich las von Dollys Auftritt im Joggelistadion. Pepe Lienhards Swiss Army Bigband trat dort mit mehreren Bands aus der ganzen Welt auf. Sie sang aus voller Kehle, während ich in Konstanz an Bord des Literaturschiffs ging, um eine Lesung auf dem Bodensee zu halten.

Auch Mandy war zur Lesung eingeladen. Er röhrte mit einem feuerroten Ferrari ans Quai. Als alle ihn gesehen hatten, parkte er diesen abseits der Uferpromenade. Die Plätze im Schiff waren beschriftet.

Mir gegenüber war ein Platz für Martin Walser frei. Er hatte sich dies gewünscht, denn wir kannten uns schon länger. Mandy wünschte, dass ich meinen Platz wechsle. Er wollte Walser gegenübersitzen. Ich beharrte aber auf meinem Platz.

Es gelang ihm, meinen Sitznachbarn zum Platzwechsel zu überreden. Er erklärte mir das so:

»Der richtige Platz ist wichtig. Wenn Walser an Bord kommt, stürzen die Fotografen auf ihn. Und dann bin ICH mit ihm zusammen in Aberhundert Zeitschriften auf dem Bild.«

Als die Lesungen und Literatur-Diskussionen begannen, fand er, ich solle mir das Mikrofon nicht an den Ausschnitt heften lassen. »Erspar dir den Rednertisch! Genieße die Fahrt, ich übernehme diese Lesung für Dich!«

Es war das letzte Mal, dass ich mit Mandy eine Lesereise machte. Ich habe ihn nie mehr gesehen.

Der Axman rief an. Er entschuldigte sich für all die Aufregungen, die er mir beschert habe. Vom Kauf des Nachbarhauses trete er zurück. Sein Psychiater habe ihm von solchen Unternehmungen abgeraten. Er erklärte, dass er nun wieder regelmäßig die verschriebenen Medikamente einnehme. Ihr Aussetzen habe einen Schub erzeugt. Ich sei zum Opfer dieses Schubs geworden.

»Mein Holderenköpflein, verzeih!«

Ich lernte einen Mann mit dem biblischen Namen Daniel kennen. Freunde haben ihn mir vorgestellt. Ich war ihm unbekannt. Er hatte noch nie ein Buch von mir gelesen. Ihn faszinierte, wie sicher ich mich als Alleinstehende durch mein Glashaus bewegte.

»Gib mir diesen Abend!«

Er tanzte mit mir durchs Haus. Vor aller Augen. Und kochte für mich. Er selbst aß kaum, schaute nur. Und ich ertrank in den blauen Seen.

Die Welt ruhte auf der Tastatur meines Manuals. Sie wartete aufs Hüpfen meiner Fingerspitzen. Auf einen langen Atem für eine neue Geschichte. Ich heiratete Daniel in aller Stille.

Meinen Namen behielt ich bei. Ein neues Gesetz erlaubte dies den Frauen. Es hatte Mühe gekostet, mir einen Namen zu schaffen, nun wollte ich diesen nicht aufgeben. Ich teilte dies dem Angestellten des Einwohneramts mit.

»Sie lehnen den Namen ihres Mannes ab?«

Der Angestellte gab mir einen Blick von der Seite und murmelte etwas von merkwürdigen, neumodischen Ideen.

Die Einsiedlerin gab es nun nicht mehr. Die Aura des Ungewöhnlichen zerbrach. Was zu Fantasien angeregt hatte, löste sich im Alltäglichen auf. Das Interesse an der Schriftstellerin im Glashaus erlosch. Mit einem Schlag blieb der Briefkasten leer und das Telefon verstummte.

Mein Mann und ich zogen in eine Wohnung über den Dächern von Zofingen. Von meinem Schreibtisch aus sah ich die Dachlandschaft mit ihren Kaminen. Sie trugen einen kegelförmigen Hut mit einem beweglichen Kopf, der den Rauch in alle Richtungen schleuderte. Sie erinnerten an eine Zusammenkunft von Richtern im Talar, die von großer Höhe auf die Bewohner herabschauen und über Recht und Ordnung wachen. Dies animierte mich zu einem Roman mit dem Titel RAUCHRICHTER. Darin erzählt eine einsame Greisin in der Dachwohnung den Kaminfiguren ihr sinnlos gewordenes Leben. Ihre Optik ist gnadenlos.

Mich berührte die Behauptung der Literaturkritikerin Beatrice von Matt, dass man noch nicht genug erkannt habe, wie sehnsüchtig bunt, aber auch wie unheimlich die Rückzüge meiner Figuren sein können. Wie wenig harmlos mein Schreiben sei. ›Dass Schriber das durchhält und konsequent dabei bleibt und mit ihren Geschichten unter anderem auch unsere Welt deutet, dafür gebührt ihr unser Dank.‹

Mein Vater starb. Er saß auf der Bank vor seinem Jagdhaus. Er wollte die Sonne sich über den Kranz der Schneeberge bewegen sehen, das Glitzern des Vierwaldstättersees in der Tiefe erleben, dazu das Rauschen seines Walds hören. Er nahm die liebsten Eindrücke in sich auf. Und starb.

Ich bin sofort nach Küssnacht gefahren. Als ich diesen starken, wilden, aufmerksamen Mann so reglos in die Kissen des Sargs versunken daliegen sah, bin ich weinend zusammengebrochen. Jemands Hand streichelte meinen schütternden Rücken. Als ich aufschaute, sah ich eine fremde Frau ihr Knie auf den Sarg schwingen. Auf beide Arme gestützt, war sie im Begriff, sich auf den Toten zu legen. Ich war wie vom Donner gerührt und hatte den Eindruck, dass dies nicht mein Leben, sondern die unfassbare Szene in einem unglaubwürdigen Film ist. Doch dann sah ich, dass jemand diese Frau vom Sarg wegholte.

Viele Hundert Personen gaben meinem Vater das letzte Geleit. Junge, Alte, Weinende, Ratsuchende, die viele Jahre oder Jahrzehnte lang jede Woche zu ihm gekommen waren.

»Was wird nun ohne ihn?«

Ich erinnere mich an seine letzte Vision.

»Die böse Krankheit, die schon dein Großvater ankündigte, kommt bald. Denk daran, Kind! Sie bringt den Tod.«

Das war vor dreißig Jahren.

In jenen Tagen sangen die ›Swiss Singing Sisters‹ mit zweiundzwanzig Musikern auf der Piazza von Lugano. Sie hatten eine mitreißende Choreografie einstudiert. Weil die Fernsehkamera wenige Zentimeter neben Dollys Kopf aufgestellt war, konnte sie sich kaum bewegen.

In der Zeitung stieß ich nach vielen Jahren wieder auf den Namen der Kriegerin, die es nicht geschafft hatte, mich aus dem Weg zu räumen. Es überraschte mich, dass Ypsilon noch immer den Familiennamen trug. Also war sie nicht verheiratet. Der Artikel gab Rechenschaft über die Aktivitäten eines lokalen Vereins. Es gab auch ein Foto. Ypsilon wurde von den Mitgliedern für ihre eindrückliche Vereinsarbeit mit einem Blumenstrauß geehrt. Das Bild zeigte sie zusammen mit dem Präsidenten. Ich erkannte in ihm meinen Hexenmeister. Mit ihm hatte ich noch ab und zu Kontakt. Dass er sich für einen Verein engagierte, diesen sogar präsidierte, war mir neu. Der Bericht nannte die beiden ›Ein eingespieltes Team‹.

Ypsilon hatte ihre Frische verloren. Und auch der ehemalige Schwarm war ergraut. Sie waren kein Paar. Er heiratete eine Arbeitskollegin. Es war ein Fehlschuss in jeder Hinsicht. Der Umschwärmte nahm Ypsilons Verzweiflung nicht einmal ernst. Eine solche Tat von einem Mädchen war für ihn undenkbar.

Wie sieht Ypsilon jenen theatralischen Akt?

Auf dem Bild wirkte sie traurig und verloren. Sogar ein bisschen verbittert. Trotz des Blumenstraußes, in den sie ihren Mund senkte. Hass erlahmt. Vielleicht bleiben noch Spuren einer bösen Erinnerung. Immerhin lief sie nun nicht mehr mit einem Revolver herum. Doch sie wohnte allein, hatte wohl auch die besten Jahre allein verbracht. Sie war nun eine Frau im mittleren Alter und hatte ihr Quantum an Glück verwirkt.

Sie trafen sich noch immer. Er spannte sie zur Mitarbeit in einem Verein ein, den er leitete. So konnten sie einander regelmäßig treffen. Wozu diese Verbundenheit? Hatte er sie in der Hand. Oder sie ihn?

Welchen Nachhall hat der Schuss auf mich? Als ich den Artikel las, war ich überrascht, aber nicht aufgewühlt. Ypsilon schoss sich aus meinem Leben hinaus. Die Abgebildete tat mir beinah leid. Diese Verlorenheit, dieses Leben fern von jeglicher Erfüllung. Nie errang sie einen Sieg. Das Leben gab ihr Schlüssel in die Hand, die nicht ins Schloss passten.

Als ich Dolly den Zeitungsartikel zu lesen gab, erwähnte sie mit keinem Wort ihre Beziehung. Sie las den Text, faltete die Zeitung und schaute in die Ferne. »Ob die Schützin meine Bücher liest?«, habe ich Dolly gefragt.

»Deine Auftritte können ihr nicht entgangen sein.«

»Ob die Anerkennung meiner Arbeit ihr einen Stich versetzt? Mir fiel ein Talent in den Schoss, ihr aber nicht. Ich lebte ein Jahrzehnt mit dem Mann ihrer Träume. Sie aber keinen einzigen Tag.«

Dolly lachte hell auf.

»Ist es schwer, eine Person für immer zu hassen?«, fragte ich.

»Es ist leichter als jemanden immer zu lieben.«

DAS LEBEN SCHLÄGT HAKEN

Einladungen zur Begegnung mit Schweizer Literatur sind nicht nur auf den deutschen Sprachraum beschränkt. Auch Bordeaux öffnet den jährlichen l'Escale du Livre für Bücher aus anderen Ländern. Vom 3. bis 10. Oktober 1991 gab es noch den ›Salon du Livre‹, und er präsentierte als Ehrengast ›Les littératures d'expression allemande‹ darunter die Schweiz. Ich wurde zu einer Lesung eingeladen. Anschließend gab es ein Essen und wir konnten uns mit Vertretern der Literaturbranche treffen. Ich bewunderte in der Ausstellungshalle die Spiegelfläche, die sich wie ein See ohne Boden zeigte. Plötzlich stand jemand neben mir.

»Sie sind also die Schriftstellerin Margrit Schriber.«

»Und Sie sind der Theologieprofessor Hans Küng.«

Ich sei überrascht, dass er mich kenne, sagte ich. Und er lachte. Er habe alle meine Bücher gelesen und sie hätten ihm sehr gefallen. Er hoffe, noch mehr lesen zu dürfen. Natürlich bedeutete es für mich eine Ermunterung, dass einer der renommiertesten Theologen und Begründer der Stiftung Weltethos, meine Bücher las.

Er war ein einnehmender Gesprächspartner. Sein faltiges Gesicht strahlte Güte aus und unter den buschigen Brauen leuchteten seine Augen. Mit diesem Mann war man gern zusammen. Wir unterhielten uns über seinen Geburtsort Sursee in der Schweiz. Dieser liegt fünfzehn Autominuten von meinem Wohnort entfernt. Er sagte, dass er Zofingen gut kenne, weil er da Verwandtschaft habe, die ein Schuhgeschäft führe.

»Merkwürdig: Es muss in Bordeaux erst ein Salon du Livre eröffnet werden, um unsere Begegnung zu ermöglichen.«

Hans Küng starb am 6. April 2021 im Alter von 93 Jahren in seinem Haus in Tübingen.

Dolly war in heller Aufregung, weil sich ein lang gehegter Traum endlich verwirklichen ließ. Sie wollte mit einem Gleitschirm über einen Gletscher wegschweben. Wenigen Menschen sei solch ein Anblick vergönnt.

»Ich habe dies mein halbes Leben vorgehabt, Cara, und mir den Kopf darüber zerbrochen, wie ich es anstelle.«

Jetzt ergab sich die Gelegenheit zu einem Tandemflug mit ihrem Freund Bruno Petroni. Er kannte ihre Beweglichkeit und wollte als erfahrener Pilot mit ihr diesen faszinierenden Tandemflug wagen. Sie traute ihm zu, dass er sie sicher in die Luft und auch wieder auf den Boden bringe. Der Startplatz werde auf einer Höhe von ungefähr 1800 Meter liegen. Dies garantiere ein außergewöhnliches Erlebnis. Sie werde über die Schrunden schweben und in die Spalten schauen. Die seien dort so breit und gefährlich, dass kein Mensch sie mit einem Satz überwinden könne.

Als Passagierin benötigte Dolly keine Vorkenntnisse und ihr Alter sei nicht von Bedeutung. Sie benötige lediglich Bergschuhe, eine warme Jacke und eine Sonnenbrille. Der Helm würde ihr geliehen. Der Flug sei von der Witterung abhängig. Nun erwartete Dolly täglich die Ankündigung zum Start.

Eine erste Einladung nach Amerika führte mich nach Montreal zu einer Tagung der NEMLA. Professoren für alte

Sprachen tragen dort einander ihre Vorträge vor. Ahnungslos hatte ein Literaturprofessor Dr. Richard Ruppel von der Universität Wisconsin seine Arbeit über die Schweizer-Schriftstellerin Margrit Schriber eingereicht. Am Abend vor seinem Auftritt erfuhr er von meiner Anwesenheit. Er war aufgeregt. Bisher galten seine Aufsätze verstorbenen Literaten. Sich über die Arbeit einer anwesenden Person auszulassen, war nicht einfach für ihn. Es verlangt Mut, denn Lebende verändern sich. Aber für mich war dies ein unglaubliches Erlebnis. Als dann noch eine Besucherin des Vortrags auf mich zustürzte mit dem Satz: »Sie sind nun also die berühmte Margrit Schriber«, da war ich sprachlos. Es stellte sich heraus, dass dies die österreichisch-amerikanische Literaturwissenschaftlerin Susanne Ruth Klüger war. Sie befasste sich mit Schweizer Literatur. In einem späteren Werk, mit dem Titel ›Was Frauen schreiben‹, verfasste sie einen wichtigen Artikel zu meiner Arbeit.

Im Jahr 1998 brach ich dank dem Engagement von Prof. R. Ruppel mit Unterstützung der Pro Helvetia zu einer längeren Lesetour an verschiedenen Universitäten nach Amerika auf. Seit ich als Kind mit den Ami-Soldaten in Kontakt kam, die uns Kaugummi schenkten, war dieser Kontinent ein Ort meiner Träume. Nach dem Krieg war die Plakatwand unseres Kinos mit Fotos von Hollywoodstreifen beklebt. Amerika ist unser aller Traumland geworden. Doch in den letzten Jahren sah ich so viele Gangsterfilme, dass ich mir Verstecke für meine Dollarnoten in die Kleider nähte. Nach der Tournee schrieb ich Generalkonsul Naef nach Chicago, dass ich nirgendwo solch hilfsbereite und freundliche Menschen getroffen habe. Sie konnten ihre Begeisterung rückhaltlos zeigen:

»Die Reaktionen der Zuhörer waren überwältigend und ich bin erfüllt zurückgekehrt. Schon jetzt freue ich mich auf eine Wiederholung.«

Im September des Jahres 2000 versprachen 189 UN-Mitgliedstaaten in der ›Millenniumserklärung‹, eine bessere Welt aufzubauen und keine Mühen zur Verwirklichung dieser Vision zu scheuen. Im Kompass für die Millenniumserklärung steht als Punkt eins die Beseitigung von extremer Armut und Hunger, Punkt zwei betrifft die Verwirklichung der allgemeinen Grundschulbildung und Punkt drei die Förderung der Gleichstellung der Geschlechter und die Stärkung von Macht und Einfluss der Frauen.

Gute Aussichten. Man konnte vorwärtsschauen.

Dolly musste ein Treffen mit mir absagen. Sie erwartete den Besuch von einem Liebhaber. Er nahm an der Generalversammlung einer kleinen Gesellschaft mit vier anderen Geschäftspartnern teil. Drei von ihnen hatten eine Geliebte. Einer von ihnen gestand, dass er sich an diesem Nachmittag etwas Besonderes gönne.

»Ich ließ mir etwas einfliegen«

Damit meinte er eine käufliche Frau. Sie sei so auffallend, dass die Leute auf der Straße stehenbleiben. Ihre Schönheit sei derart dramatisch, dass es ihm beinah peinlich sei.

Die drei Aktionäre waren nach der Sitzung mit ihrer Flamme verabredet. Und kamen deshalb überein, die Sitzung im Rekordtempo durchzupeitschen. Das einzige Problem boten die zwei treuen Ehemänner, denn diese hatten keine Eile, dehnten ihre Voten aus und fanden immer neue Einwände, sodass die drei Liebhaber befürchten mussten, dass diese Sitzung nie an ihr Ende käme. Schließlich platzte dem Liebhaber von Dolly der Kragen. Er erklärte den Schluss der Verhandlung. Die drei eilten zum Rendez-vous.

Mein Flug SR 7130 Zürich–Chicago war auf den 15.9.2001 reserviert.

Der Terroranschlag am 11. Sept. 2001 auf die Zwillingstürme des World Trade Center brachte meine Reise ins Wanken. Amerika stand unter Schock. Flüge waren untersagt. Amerikanische Touristen saßen im Ausland fest. Vier Tage später startete der erste Flug. Ich konnte mich pünktlich bei Generalkonsul Naef in Chicago zur Lesetournee melden. Die Fahnen waren auf halbmast. Es gab auffallend viele Uniformierte und Patrouillen vor wichtigen Gebäuden. Die Furcht vor weiteren Anschlägen saß tief. An Autos, Fahrrädern, Kinderwagen und sogar an Hundehalsbändern wehte eine amerikanische Flagge. Back to work. Der Name Osama Bin Laden war in aller Leute Mund. Er gab sich verwundert. Wer könne Beweise liefern? Wer könne ihn in Verbindung mit den Attentaten bringen? Wer könne die ungeheure Anschuldigung untermauern?

Naef mied den Hancock-Tower von Chicago, wo wir eigentlich im Panorama-Restaurant essen wollten. Meine von Prof. R. Ruppel bis ins Detail geplante und organisierte Reise begann an der Universität von Milwaukee. Man zeigte mir das Art Museum, das wie ein schneeweißes Segelschiff mit seiner kostbaren Fracht aus verschiedenen Epochen in den Ozean hinaus und der Unvergänglichkeit entgegenzieht. Man spürte: Kunst bietet Hoffnung, begeistert, tröstet, lässt Bilder des Grauens zur Seite schieben. Menschen erschaffen Schönes. Nutzen Erfindungsgeist und Fähigkeiten nicht zum

Zerstören, sondern zum Erbauen. In diesem Sinn leitete ich meine Lesung bei den Freunden für die deutsche Sprache ein.

Die Reise führte über Green Bay nach Oshkosh. Die unsicheren Studenten wollten hören, wie ich die Stadt finde. Die sicheren Studenten stellten sich und ihre Pläne vor. Die meisten hatten deutschsprachige Vorfahren und wollten deren Sprache verstehen. Sie wunderten sich, dass der Schweizerdialekt überdauert, wenn doch ihre Vorfahren so vollkommen in die fremde Sprache des neuen Lands gefallen seien. Prof. Alain Lareau und Prof. Elisabeth Wade tuckerten mit mir auf dem Boot durch die Stadtkanäle auf die See. Auftanken statt Geben. Die Lesung habe trotz umfangreicher Vorarbeit eine Entspannung bedeutet.

Inzwischen trugen die meisten Herren das Flaggen-Abzeichen im Revers. Man werde Bin Laden antworten, heißt es. Man habe sich stark gefühlt, sei aber verwundbar. Die Leute würden über ihre Schulter schauen. Aber auf dem Golfplatz schnurrten die Caddies über die geschwungenen Hügel und Schläger blitzten an der Sonne auf. Es ist unmöglich an Terror und Tod zu denken, wenn sich vor den Augen der Zeitvertreib von Menschen abspielt, die ein glückliches, erfülltes, erfolgreiches Leben haben.

Am 21. September 2001 hielt Bush vor dem Kongress eine Rede mit Standing Ovations. Inhalt: Wir sind stolz, Amerikaner zu sein in einem freien Land, das jetzt von Terroristen so meuchelmörderisch angegriffen worden ist. Wir verlangen Gerechtigkeit. Länder, die nicht für uns sind, sind gegen uns. Länder die aktiv mithelfen, sind unsere Freunde. Die Kamerapositionen waren gut vorbereitet: a) Die Witwe unseres Fliegerhelden, b) Der neue Sicherheitschef für das Homeland, c) Die zwei Helden von New York (u.a. Giuliano), d) Der innigste Freund (Tony Blair), e) Die Plakette des umgekommenen Retters (Geschenk der Mutter), f) Die Zustimmung des Publikums (darunter auch das steinerne Gesicht von Hilary Clinton), g) Die stolze, strahlende Präsidentengattin und Buschs Zuzwinkern.

Auf dem Weg nach Stevens Point bemerkte ich im strömenden Regen eine kalbende Kuh. Ich rannte zum Hof und alarmierte den Bauern. Ich möchte gerne glauben, dass mir ein Kalb in Amerika das Leben verdankt.

Nach der Lesung in La Cross nahm ich einen Flug nach Washington D.C. Das FBI hatte vor neuen Anschlägen gewarnt. Das Gepäck wurde peinlich untersucht. Ich verstand es, war sogar dankbar. Obwohl die Kontrolleurin mit ihrem rasierten breiten Nacken, den Schwinger-Armen, ihrem kantigen Kinn und dem unerbittlichen Gesicht mich an die Leiterin eines Konzentrationslagers erinnerte.

Bei meiner Ankunft in New York bliesen kalte Fallwinde von den Hochhäusern. Im Gebäude der Schweizer Botschaft wurde Anthrax gefunden, dies verhinderte meinen Besuch. Die Angst vor Giftanschlägen ging um. Trittbrettfahrer wie bei jedem Anschlag. Die Lesung am Hunter College war gut von Freunden der deutschen Sprache und Studenten besucht. Man habe dort den Anflug der beiden Flugzeuge miterlebt und sei noch immer geschockt. Im Schutt der Zwillingstürme fand man nur noch Bruchstücke von verbrannten Körpern. Die Luft qualmte und die umliegenden Straßen waren von einer dicken pudrigen grauen Schicht bedeckt.

Niemand fand Worte. Die Leute hatten Tücher ums Gesicht gebunden und wateten mit Storchenschritten durch den Puder. Der Schrecken stand noch in ihren Augen. Alle waren Zeugen. Alle hatten ein Familienmitglied oder einen Freund verloren. Sie schrieben ihre Trauer mit dem Finger in den Staub. Die umliegenden Gebäude hatten geborstene Fenster und aus den Rahmen gesprengte Türen. Sie waren leer, überstürzt von den Bewohnern verlassen. Es lag eine Friedhofsstille über dem rauchenden Schutthaufen. Aus der Klaffe ragte noch das geborstene, verbogene Stahlgerippe.

In Boston lauschten die Studenten auf den Klang der Sprache. Den Sinn des Textes verstanden sie kaum. Aber sie fanden die Sprachmelodie schön und einige freuten sich auf den Studienaustausch in Europa.

Am 1. Oktober 2001, also drei Wochen nach Beginn der Lesetournee fand das »Grounding« der Swissair statt. Prof. Richard Ruppel trug aus Sympathie und Trauer ein Schweiz-Emblem im Knopfloch. Dass es ausgerechnet die sagenhafte Swissair traf, machte ihn fassungslos. Er teilte mir mit, es sei ungewiss, ob ich nach Hause fliegen könne. Ich war in Amerika, dem Ziel meiner Kinderträume, gestrandet. Die abenteuerlichste Reise meines Lebens. Ein Lavieren durchs Wechselbad der Gefühle. Hier Scherben, da neue Freundschaften, hier Grauen, da Hoffnung, hier Gewalt, da Erziehung, Wissenschaft und Kultur. Eins neben dem anderen.

Aber man setzte dann doch alle Hebel in Bewegung. Die Swissair ließ nicht zu, dass ich im Ausland strandete. Es sei die beste aller Fluggesellschaften, meldete der Pilot über Funk. Und man solle wieder mit ihr fliegen. Die lächelnden Stewardessen trugen riesige Buttons: »I love Swissair«.

Wieder zu Hause atmete ich erst einmal durch. Denn es ist ein gutes Gefühl, nach Hause zu kommen. Ein hervorragendes Gefühl. Ich war wieder bei meinen Figuren. Am Erschaffen meines eigenen Kontinents.

Ich bin Mitglied des A*dS, des Deutsch Schweizer PEN und des Innerschweizer Schriftstellerinnen und Schriftstellervereins. Dank diesen Mitgliedschaften erhalte ich alle, für Schreibende, notwendigen Informationen und kann Erfahrungen mit anderen Autoren austauschen.

Neben meiner Verbindung zu Dolly, dic ihrerseits ein breites Netzwerk aufgebaut hatte, pflegte ich die Freundschaft zu Lesern und Leserinnen. Ich verkehrte mit einigen interessanten Frauen. Darum war ich Feuer und Flamme, als ich einen BPW-Klub in Zofingen mitbegründen konnte. Der internationale Klub von Berufs- und Geschäftsfrauen ist in der Schweiz über alle Regionen verteilt. Einmal im Monat findet ein Treffen statt. Da ich zu Hause am Schreibtisch arbeitete, waren diese Treffen eine Bereicherung. Diese Frauen hatten ihre Stellung nur durch Anstrengung, Weiterbildung und mit viel persönlichem Einsatz erreicht. Sie arbeiteten hart. Die meisten zogen neben ihrem Vollzeitberuf noch Kinder auf und erledigten einen Haushalt. Am meisten überraschte mich, dass sich keine vor Klubarbeiten drückte. Sie nutzten nie ihre Arbeitsbelastung als Ausrede. Von diesen Frauen erfuhr ich viel über Mut, Niederlagen, Zuversicht, Beistand und auch über Bescheidenheit.

Gewalt an Frauen war ein Problem, das in unserem Klub näher betrachtet wurde. Schutzlose lagen uns allen am Herz. Anlässlich einer Buch-Vernissage fand ich Gelegenheit, diese Feier mit der Problematik misshandelter Frauen zu verknüpfen und auf die Notwendigkeit der Frauenhäuser aufmerksam zu machen.

Durch meine Heirat veränderte sich mein Freundeskreis, und viel Neues stürmte auf mich ein. Die Bekannten meines Mannes bewegten sich in anderen Berufen, hatten andere Liebhabereien und erlebten andere Abenteuer. Dies faszinierte mich und gab mir neue Impulse.

Seit ich denken kann, hat immer alles Unbekannte mein Interesse geweckt. Schon als Kind musste ich in jedes Mausloch schauen. Es war meine Art, mir die Welt zu eigen zu machen. Vater hat mich dabei unterstützt.

»Was siehst du?«

Ich konnte ihm nie präzise schildern, was ich sehe und höre. Er aber fand, für alles gebe es das richtige Wort. Er ließ es mich überlegen und wartete geduldig.

»Eine Eidechse. Sie ist braun gesprickelt. Die Knopfaugen sind auf mich gerichtet.«

»Ein Weibchen. Gib ihm einen Namen!«

Er machte sich die Welt zu eigen. Jedes Tier in seinem Nahbereich bekam einen Namen. Sein liebster Rehbock hieß Sepp. Mir gab er viele Namen. Jedes Jahr kam ein neuer dazu. Er begrüßte jeden Zahn, der im Mund seiner Kinder die Haut durchstieß. Wenn er durch eine Wirtschaft ging, verwirbelte er im Vorübergehen das Haar seiner Bekannten. Jeden und alles überschüttete er mit wilder Herzlichkeit.

Aber nichts lässt sich festhalten. Man muss sich von allem lösen.

Im Jahr 2002 fand die Schweizer Landesausstellung Expo im Drei-Seen-Land statt. Auf den Arteplages inszenierten Kulturschaffende und Institutionen in zahlreichen Ausstellungspavillons verschiedene Themen. Jetzt waren nicht mehr nur die Stimmen von erfolgreichen Männern gefragt. Auch Frauen waren um die Meinung zu ihrer Karriere gebeten. Sie sollten kurze, prägnante Antworten in Bezug auf Hinderndes und Förderndes geben. Es war geplant, diese mithilfe eines überdimensionalen begeh- und bespielbaren Leiterspiels dem Publikum zu vermitteln. Auch ich wurde um meine Erfahrungen gefragt.

Punkt eins: *Welche Förderung haben Sie erhalten?*
ICH habe MICH gefördert.

Punkt zwei: *Welche negativen Reaktionen mussten sie verkraften?*
Den FRAUENBONUS statt Gewichtung meiner Arbeit.

Punkt drei: *Was bedeutet ihnen die Karriere?*
Schreiben bedeutet alles. Karriere ist Nebensache.

Punkt vier: *Wie kann eine Frau Karriere machen?*
Sie gibt beharrlich das Allerbeste. Sie feuert sich selbst an.
Sie ist nie zufrieden mit sich.

Nach der Jahrtausendwende wurde es zunehmend schwieriger, einen Verlag zu finden oder eine Zeitschrift, die eine Geschichte publizierte. Das Buch musste entweder als Profiltitel oder als Publikumstitel zu lancieren sein. Bei einer Verkaufserwartung von höchstens 2500 Stück lohnte sich der Druck nicht für den Verlag.

Trotz der Vielfalt an kulturellen Angeboten wurden die Einladungen zu Lesungen rarer. Das Interesse richtete sich auf Erstlinge. Die Neuen konnten sich eine Weile über die plötzliche Aufmerksamkeit freuen, während die Alten das Desinteresse für ihre Neuerscheinung verkraften mussten. Die Verlage beklagten ihr Schrumpfen.

Das Ressort Kultur wurde im Haushalt des Bundes zusammengestrichen. Bis dahin flog ich in der Businessclass der Swissair zum Ziel. Schon am Flughafen leitete mich eine Stimme zur Sonderabfertigung, wo die Botschaftslimousine wartete. Ich wohnte in einer Hotelsuite oder gar in der Botschaft. Einflussreiche Gäste des ausländischen Literaturbetriebs wurden mit einer persönlichen Einladung zu einem ›Diner‹ in die Botschaft gebeten. »The Honor to meet Mrs. Margrit Schriber« Viel Ehre für eine am Rand der Existenz lebende Alleinverdienerin mit auf Sparflamme abgesenkter Heizung.

Doch Zeiten ändern sich.

Dolly besuchte mich seltener, seit ich in Zofingen wohnte. Wir trafen uns meistens im Buchladen in der Stadt. Auf dem Büchertisch türmten sich Reißer und bestplatzierte Bücher. Andere Neuerscheinungen verschwanden in den Regalen für Unverkäufliches. Obwohl sie des Lesens wert gewesen wären.

Dort schnüffelten wir in den Neuerscheinungen. Lasen die Klappentexte, blätterten auf die erste, dann auf die letzte Seite. Ich genoss den hölzernen Duft druckfrischer Bücher. Dolly bemerkte den Buchstapel der Reißer, der sich rasch verkleinerte. Sie machte eine Bemerkung, die einen Käufer innehalten ließ.

»Bestseller sind Bestseller noch ehe sie zum Verkauf auf dem Ladentisch liegen. Noch ehe die Papierbögen ausgedruckt sind. Vom Augenblick an, da Bestseller-Autoren den ersten Buchstaben tippen. Dann beginnt die Bestseller-Produktion anzulaufen. Warum?«

Sie redete mit lauter Stimme.

»Weil sie Lesevergnügen suggerieren? Weil sie verkauft werden können?«

Die Buchhändlerin war nicht glücklich über die Feststellungen meiner Freundin. Ich nahm Dolly am Arm und führte sie aus dem Laden. Ich wusste, wie schwierig das Führen einer Buchhandlung war und wollte nicht, dass meine Freundin die Kunden vergrault.

In Bezug auf Dollys Fragen war auch ich ratlos. Ich habe mich nie mit der Frage auseinandergesetzt, wie ich schreiben muss, um ein Buch erfolgreich zu vermarkten. Doch ich las, dass mehrere Faktoren bestimmen, was einen guten Preis und viel Aufmerksamkeit rechtfertigen. Werke werden durch Förderungspolitik portiert, durch Galerien lanciert und durch Verlage auf den Markt gebracht. Einfallsreichtum, Originalität schriftstellerisches Geschick entscheiden nicht mehr allein darüber, ob ein Werk sein Publikum findet. Der Kunstbetrieb mit seinen Expertisen, Kritiken, Strategien, Marktgesetzen und Selektionskriterien bestimmt, was als interessant gilt und Erfolg haben wird.

Wie mussten es Kunstschaffende anstellen, um sich in diesem System von Vermarktung zu behaupten? Wie hatte Kunst auszusehen, damit sie sich auf dem Markt behauptet?

Natürlich schlugen sich Schriftstellerinnen, die ich kannte, mit diesen Fragen herum. Aber es gehörte wohl noch nicht zur Kernkompetenz der meisten Autorinnen, neben ihrem Werk gleichzeitig auch ihren Erfolg zu organisieren.

Mir war immer klar, dass ein Buch Leselust erzeugen sollte. Weil ich rasch gelangweilt bin, mag ich keine einfache Geschichte erzählen, die nur leicht arrangiert und zu Papier gebracht werden muss. Ich brauche eine Verlockung zum Schreiben und suche nach sprühenden Einfällen, faszinierenden Figuren, ungewöhnlichen Bildern, einem guten Sprachklang und einer interessanten Erzählperspektive. Der Bau meines Romans ist mir wichtig. Darauf verwende ich viel Zeit. Muss. Ich bin erst zufrieden, wenn der Text mich in den Bann zieht und begeistert.

Ich bin eine Autorin, die sich lange Zeit nicht beim Verlag meldet. Ich will in meiner Stoffwahl frei sein. Jederzeit eine andere Arbeit beginnen können und einem plötzlichen Impuls folgen. Mein Verlag weiß, dass ich arbeite. Und lässt mich dies nach meinem Wunsch tun.

Mein Verlag weiß auch, dass ich plötzlich mein neues Manuskript schicke. Und dieses beendet ist, wenn ich es schicke.

›Das habe ich mir gedacht‹, schrieb mir einmal Dirk Vaihinger, ›die schießt dann bestimmt aus der Hüfte quer übers Feld.‹

Nach der Heirat half ich meinem Mann Daniel beim Verwalten von Liegenschaften. Ich habe Wohnungen abgenommen, Mietzinsen verbucht, Teppiche verlegt, Gärten in Ordnung gebracht, Ameisenläufe eingedämmt und Wohnungen gestrichen. Dies vollführte ich allerdings auf eine derart liederliche Weise, dass der Maler den Kopf schüttelte und fragte: »Welche Pfeife hat hier gestrichen?!«

Unter den verwalteten Liegenschaften war auch ein Garagenbetrieb mit Benzinsäulen, der aus den roten Zahlen gebracht werden sollte. Ursprünglich war es die einzige Tankstelle an der Landstraße. Mit dem Bau der Autobahn schossen Großtankstellen aus dem Boden und die Kleingarage kämpfte ums Überleben. Ihre Säulen waren veraltet, die

Waschstraße reparaturanfällig. Ich sah mich einem Benzin-Großkonzern mit weltweiter Erfahrung im Business als Vertragspartner gegenüber. Dieser pochte auf Erfüllung des Vertrags. Darin wurde unsererseits eine gut funktionierende Waschanlage garantiert. Punkt!

Ich bin nie eine Zauderin gewesen.

Als Schriftstellerin entschied ich zwar bloß Denkvarianten und nicht den Ernstfall. Meine neue Aufgabe verlangte nun aber, dass ich von einem zum andern Moment mit beiden Füßen auf dem Boden stehe. Ich beschloss den Kauf einer neuen Waschstraße mit einer Geschwindigkeit, als würde ich auch im Jetzt und Hier nur durch die papierenen Seiten eines Romans vagieren. Ich fuhr nach Mailand, um mir die vierzig Meter lange Hochleistungs-Autowaschstraße anzuschauen. Winzig stand ich im spritzenden Tunnel vor Eisenträgern, Streben, Ketten, Schienen, Zahnrädern. Das Zischen und Schlenkern und Rollen um mich herum empfand ich als erschreckend. Ein tobendes Ungeheuer sog mich in den Schlund.

Ich erinnere mich, dass der Ingenieur sich vorbeugte, um meine Meinung zu hören und ich sein triefendes pechschwarzes Haar anstarrte. Ich hatte keine Meinung. Ich war ratlos. Eine Maus im Irrgarten. Schreiben ist vergleichsweise erholsam. Geld spielt da nie eine Rolle. Der Ingenieur legte farbige Bürstenfäden vor mich hin. Man könne Duft beifügen, sagte er eifrig. Minze, Jasmin, Vanille, was immer ich möge. Diese so nebensächliche Erwähnung beim Verhandeln des fundamentalen Kaufakts zauberte Heiterkeit in mein Gesicht. Im Moment meines Aufatmens schob er den Kaufvertrag zum Unterschreiben vor mich hin. Und ich unterschrieb das Viertelmillionengeschäft.

Zwei Jahrzehnte nach diesem Kaufakt wehte mich die Erinnerung an wie ein Schmetterling. Ich versuchte ihn einzufangen. Im Roman GLÄNZENDE AUSSICHTEN habe ich den verrücktesten Kauf in meinem Leben festgehalten. Das Verschrotten der Autowaschanlage war meine zweitverrückteste Tat. Heute ist diese winzige Tankstelle vollkommen umgekrempelt. Es gibt dort eine Socar-Großtankstelle mit Shop, einen Imbiss und ein modernes McDonald's Drive In Restaurant. In der ›Nacht der Frau‹ habe ich dieses Buch bei Orell Füssli in Baden vorgestellt, eine BPW-Freundin mit Erfahrung im Garagenbetrieb half mir dabei. Denn inzwischen ist es üblich, jedes Jahr einen Anlass nur für Frauen zu veranstalten.

Das Lesen eines Buchs verlangt Aufmerksamkeit. Man muss eigene Erinnerungen abtasten, andere Meinungen abwägen und bereit für Neues sein. Vielleicht wird man seine Gewichte anders setzen. Ich habe viel Respekt vor Lesenden, die sich auf einen Text einlassen. Dolly nahm nie ein Blatt vor den Mund.

»Diese Figur ist mir zu lau. Die *denkt* statt zu *handeln,* die macht mich wütend.« Sie hob beide Fäuste vors Gesicht und tänzelte um mich herum: »Ich würde dem Kerl die Fresse polieren, linksundrechts und zack! Hammer!«

Die Zurückhaltung von Frauenfiguren erschütterte Dolly im tiefsten Kern.

»Warum springen sie nie den Mann an, der sie zurückbindet?«

Eine Heldin, die in ihrer elenden Situation ausharrt, deprimiert sie. Dolly ist eine Kämpferin und es ist für sie widernatürlich, sich in eine Figur hinein zu denken, die anders reagiert. Aber wird sie sich ihrer Stärke nicht gerade durchs Lesen bewusst? Ich erkläre, dass meine Heldin sich überlegt, auf welche Weise ihr Partner reagiert. Wie das auf sie wirkt. Sie bildet sich ihr Urteil und hakt dann den Lebenspartner ab.

»Der besonnene lange Weg der Entscheidung, das Erfahren schmerzhafter Muster, dieser Lernprozess des Lebens: Ist das nichts, Dolly?«

»Um Gotteswillen, nein! Es ist nur ein Säuseln für einen Tatmenschen wie mich.« Sie würde dem Kerl die Fresse polieren.

Mein Schreibstil fand bei ihr immer ein gnädiges Urteil.

»Du bringst funkelnde Sterne an meinem Lesehimmel an.«

Solch ein Satz zaubert Sonne in mein Gesicht. Jeder Mensch lechzt nach Anerkennung. Und natürlich machte es mich froh, wenn sie nach dem Lesen einiger Romanseiten auf mich zu schwebte, weil der Text sie aufwühlte und den Boden unter den Füssen verlieren ließ. Ich stellte mit Genugtuung fest, dass das Gelesene ihr nicht aus dem Kopf ging. Über den Wahrheitsgehalt schwankte sie. Es war ihr aus irgendeinem Grund wichtig, zu wissen, ob ich das Beschriebene erlebt oder erdacht habe.

»Warum der Geier verfällst du auf solche Szenen?«

Sie klopfte mit dem Knöchel des Zeigefingers an meine Stirn.

»Was geht in deinem Kopf vor? Zum Beispiel die Szene im Roman VOGEL FLIEG. Darin legt sich der junge Tankwart zum Reinigen auf die Frontscheibe und die Fahrerin hat seinen entblößten Bauch vor Ihren Augen. Er zieht das Wischblatt über die ganze Breite und bewegt sich auf der Glasscheibe wie auf einer Frau.«

Diese Szene habe etwas Erotisches und Verführerisches. Sie jedenfalls sei dieser Wirkung erlegen. Habe die Sätze mehrmals gelesen, um zu ergründen, warum sich diese festhaken. Es sei wohl die Art der Beschreibung. Der Text führt die Augen der Lesenden. Beginnend beim aufgerollten Shirt wird der Blick über den flachen Bauch zum Nabel gelenkt und von da entlang dem Haarscheitel bis zum Gurt. Am harten grässlichen Wort *Gurtschnalle* pralle man ab.

»Du hast mich auf dem Höhepunkt der Neugier sitzen lassen! Und es hat dir Vergnügen gemacht, mich auf dem Trockenen sitzen zu lassen. Hattest du überhaupt jemals den Bauch eines Tankwarts auf deiner Frontscheibe?«

Dollys Entrüstung belustigte mich. Ich gebe zu, dass ich tagelang an diesem Absatz geschliffen, jedes Wort gedreht und jeden Blickwinkel ausprobiert habe, bis die Szene sich aus der Bedeutungslosigkeit erhoben und in eine prickelnde Schau verwandelt hat.

»Du bist eine Spielerin! Eine Verführerin!«, schrie sie. Und legte nach: »Du kommandierst deine literarische Schlacht wie eine Generalin!«

Ich erklärte ihr, dass Bilder zum Schauen verführen sollen. Zum genauen Hinsehen. Dies ist Arbeit. Ich bringe immer wieder Verbesserungen an und benötige ungezählte Stunden, bis ich meine Gewichte gesetzt habe.

Ich machte mir nie Gedanken über die AHV-Rente, bezahlte aber immer meine Beiträge als spärlich verdienende Selbständigerwerbende ein. Plötzlich war es so weit: Die erste Rente erhöhte den Stand meines Bankkontos. Und zwar ohne Wenn und Aber. Von nun an durfte ich aufs monatliche Eintreffen der Mindestrente hoffen. Es war seit vielen Jahrzehnten mein erstes regelmäßiges Einkommen. Ich hatte den Eindruck, im Geld zu schwimmen. Ich musste kein Gesuch um einen Werkbeitrag für Literatur mehr einreichen. Als Rentnerin hatte ich es nicht mehr nötig, um Unterstützung für meine literarische Arbeit zu betteln. Dies empfand ich als große Erleichterung.

Das, was ein Mensch will, ist nicht immer das, was er erreicht. Ich bewundere Menschen, die sich immer wieder zu Höhenflügen aufraffen. Zu ihnen zähle ich Dolly Esquiero. Ob sie an einem Felsüberhang scheiterte oder wegen eines Schlechtwettereinbruchs ihren Gleitflug abbrechen musste, das war für sie nie von Bedeutung. Für sie zählte der nächste Versuch. Sie nahm ihn in Angriff. Ihren Plan aufzugeben, hätte für Dolly das Ende bedeutet. Diese Kraft und diesen Trotz machten sie zu einer bewundernswerten Persönlichkeit.

Aus solchem Stoff bestehen meine Romanfiguren.

Ich erzähle darin von Frauen, die zaghaft auf der Suche nach Eigenständigkeit sind. Die historischen Romane zeigen starke Frauen, die aber in der falschen Zeit geboren sind. Dann habe ich zu Frauen gewechselt, die gute Figur auf einer Kühlerhaube machen oder gar die Skyline prägen und trotzdem keine Erfüllung finden.

Nur ich, die diesen Frauen Leben einhauchte, war überwältigt vom Glück, mit Worten eine Welt zu erschaffen.

Natürlich ist das Halleluja immer ist erst nach Beendigung eines Romans angebracht. Einen solchen aber bis ans Ende zu bringen, ist nie ganz einfach. Es benötigt einen nie erlahmenden Willen, um das gesteckte Ziel zu erreichen. Zudem ist das Schreiben ein Lernprozess. Es gibt auch Zweifel. Oft war ich nahe daran, mit der Delete-Taste dem Ganzen ein Ende zu setzen. In einem solchen Augenblick musste ich tief durchatmen. Vielleicht auch von vorn beginnen.

Zum Hinkritzeln des ersten Satzes genügt ein Gedankenblitz.

Zum Füllen eines Kapitels braucht es eine Prise Fantasie, etwas Leidenschaft und ein bisschen Ausdauer.

Aber um ein Buch zu Ende zu bringen, ist ein Blitzgewitter an Ideen nötig. Es braucht 100 % Geduld, 200 % Selbstkritik, 1000 % Unerbittlichkeit und Schwung ohne Ende.

Wenn man es geschafft hat, ist alle Müh vergessen.

Rückblickend bedeutet für mich ›Schreiben‹ der abenteuerlichste Akt in meinem Leben.

Mit jedem einzelnen Buch beschritt ich einen anderen Weg. Ein jedes hat seine eigene Ordnung, seinen eigenen Ton und führt ein anderes Thema vor Augen. Alle miteinander füllen sie eine kleine Mosaikfläche im großen Bild des Lebens.

Letztendlich was bedeutet ein Leben?

ALLES. Es ist ein Geschenk. Und kaum zu fassen. Aber dieses Geschenk hat seinen Preis. Man wird geboren und entwickelt sich zu einem denkenden, fühlenden, fantasierenden Wesen. Verbringt einen Zeitabschnitt mit anderen, erfüllt ein Schicksal und stirbt. In einem Augenblick ist alles zu Ende.

Dolly machte immer gefährlichere Solowanderungen. Sie prüfte zwar immer, ob sie die Rufnummer der REGA auf dem Handy hatte. Doch dann zog sie los. Bei schlechtestem Wetter nahm sie den gewagten Weg auf den Monte Broglio in Angriff. Sie musste teilweise auf dem Hosenboden übers Glatteis und den hohen Schnee rutschen. Doch das ließ sie nicht von ihrem Wagnis abhalten. Endlich am Fuß des Steilhangs angekommen, versperrte ein Hinweisschild den Weg: ›Wegen Holzschlag geschlossen‹. Sie konnte nicht zurück, weil sie am Ende ihrer Kräfte war. Dolly wäre nicht Dolly, wenn sie das Hindernis nicht umgangen hätte. Sie wagte bei heftigsten Winden den Abstieg nach Lugano. Laub und Regen peitschten ihr Gesicht und nahmen ihr die Sicht. Sie musste den Abstieg beinah ertasten. Mit lautem Knacken brach plötzlich der Ast von einem Baum und riss Dolly zu Boden. Zum Glück kam ein Waldarbeiter vorbei. Er entdeckte die Wimmernde. Sie wurde mit der REGA ins Spital eingeliefert.

Diese Nachricht erhielt ich vom Ferrari. Er wusste immer, wo Dolly war. Obwohl sie ihn nach Hause geschickt hatte, und dabei buchstäblich das Klirren seines gläsernen Herzens vernahm, wie sie mir erklärte. Ihr Unfall stürzte ihn in große Sorge. Auch mich bekümmerte es. Ich konnte mir Dolly nicht hilflos vorstellen. Sie ist immer durch meine Augen getanzt, einmal als Tempelgöttin, einmal als rachsüchtige Spanierin, einmal als Luftballon. Ihre Gelenkigkeit war die eines Schlangenmenschen. Ihren kleinen Fotoapparat über den Kopf haltend, sprang sie aus dem Stand in die Luft, spreizte die Beine und machte im Spagat lachend ein Selfie. Sie war die wildeste meiner Bekannten, auch die lebensfrohste und mitfühlendste. Und jetzt lag sie erschlagen von einem Ast im Spital von Lugano.

Der Ferrari konnte es nicht fassen. Ich vernahm sein Schniefen. Er war schon auf dem Weg zu ihr.

Dass Schriftstellerinnen zu den Podien gerufen werden, war inzwischen keinem Frauenbonus mehr zu verdanken. Auf dem Buchmarkt überwogen die Namen von Frauen. Ihre Bildung stand in nichts den Männern nach. Ihre schöpferischen Kräfte und ihr Selbstvertrauen waren erwacht, ihre Begeisterung brachte Ideen zum Blühen und ihre Bücher leuchteten wie ein Funkenregen am literarischen Himmel. Es tauchten nun auch viele Verlegerinnen, Kritikerinnen, Deutschlehrerinnen und Literaturkennerinnen auf, man las ihre Artikel und nahm sie wahr. Preisgremien waren zum Teil mit einer weiblichen Jury besetzt und Journalistinnen interviewten die Schreibenden. Ihre Artikel wurden über eine Anzahl neu erschienener Zeitschriften gestreut. Die großen Zeitungen konnten sich noch durch Zusammenschlüsse halten. Universitäten beklagten das Sinken der Anzahl Graduationen von männlichen Studenten, während jene der jungen Frauen zunahmen.

Zeigte sich etwas wie eine Müdigkeit bei der männlichen Jugend? Eine Resignation? Mangel an Ehrgeiz? Von den Frauen hieß es, dass es eher schlecht bezahlte Stellen seien, die sie besetzen.

Ihre letzten Jahre verbrachte meine Mutter bei mir. Sie machte es mir sehr leicht, sie zu pflegen. Hatte nie gelernt, Ansprüche ans Leben zu stellen. Sie war nur dankbar, dass sie nicht in ein Alters- oder Pflegeheim musste.

»Was für ein seltenes und unverdientes Glück ich habe!«

Sie ging auf Zehenspitzen, um mich nicht bei der Arbeit zu stören. Wenn mein Mann nicht so gern gekocht hätte, wäre sie auch mit einem Café complet zufrieden gewesen. Ihren Tod mitzuerleben war eine meiner schlimmsten Erfahrungen. Ich hoffte, sie schlafe einfach ein. Es wird immer von einem leichten Tod erzählt. Aber das stimmt nicht. Das Sterben ist schwer. Weil sie nicht mehr redete, wusste ich nicht recht, wie ich ihre Lage erleichtern kann. Sie bekam keine Luft. Wasser sammelte sich in ihrer Lunge. Ihr Atem ging rasselnd. Dieses Röcheln dauerte vierundzwanzig Stunden. Eine Ewigkeit. Ich war erleichtert, als es vorbei war. Sie starb in Frankreich. Der Arzt holte den Bürgermeister für die Todesbescheinigung. Ihre Urne haben wir in unserem Park bei einem Hinkelstein begraben. Sie hat den denkwürdigsten Grabstein, den ein Mensch haben kann.

Dolly Esquiero war wieder zu Hause. Allerdings konnte sie noch keinen Spagat vollführen. Sie würde sich erst wieder ans Wandern gewöhnen müssen. Ans Erklettern eines Überhanges durfte sie nicht einmal denken. Auch ihr Gleitschirmflug war in weite Ferne gerückt, wenn nicht gar unmöglich. Ihr Ferrari umsorgte sie. Endlich konnte sie ihm nicht entwischen. Dolly langweilte sich unsäglich. Ich sah, dass sie den Rollkragen übers Kinn zog, als wolle sie für unangenehme Gefühle unauffindbar sein. Ich schleppte meine Bibliothek zu ihr. Und sie verbrachte die Zeit mit Lesen.

Mein neues Arbeitsprojekt über die erste Stummfilmdiva der Schweiz brachte Dolly einige Abwechslung. Die interessante junge Künstlerin nannte sich Leny Harold und war die Schwester von Oskar Bider, dem Flugpionier, der im Jahr 1911 zum ersten Mal die Pyrenäen überflog. Das glamouröse Geschwisterpaar füllte die Illustrierten. Ich verdanke die Geschichte ihrem Biografen. Er hat jedem Detail von Julie Helene Bider mit Sorgfalt und Einfühlungsvermögen nachgeforscht. Sie startete ihren Höhenflug ein halbes Jahrhundert zu früh. Frauen hatten ihren Platz am Herd, nicht auf einer Kinoleinwand. Ich war beruhigt, weil Dolly wieder lachte. Sie stellte sich vor, wie diese Schönheit in der offenen

Klapperkiste ihres Bruders durch die Lüfte segelte. Wie sie ihren hübschen, unter dem Kinn gebundenen Hut hielt, damit er nicht fortfliege.

»Warum hat der Biograf das Buch nicht selbst geschrieben?«

»Ein Biograf flunkert nicht. Er hält sich getreu an die Vorgabe. Anders als ich. Du müsstest ihn kennenlernen, Dolly. Ein Ingenieur Agronom, der sich beim Bund über dreißig Jahre mit Umweltschutz in der Landwirtschaft befasste, verlässlich, selbstlos, treu und akribisch. Mehr weiß ich nicht über ihn. Nur dass er sich plötzlich diesem glamourösesten Geschwisterpaar zugewendet hat, das ums Jahr 1920 die Schweiz schockierte. Er erforschte das Leben von Oskar und Julie Helene durch ein ausgedehntes Quellenstudium im In- und Ausland. Ich hatte immer den Eindruck, dass ein heimliches Feuer für dieses Geschwisterpaar in ihm brenne. Und er in ihrem abenteuerlichen Leben aufblühe.

Eigentlich ist er derjenige, der dem Buch seinen Namen geben müsste. Doch er verlangt nichts für sich. Er gehört zu den seltenen Menschen, die keine Ambitionen auf Ruhm haben.«

Dolly schwieg. In ihrem Kopf nahm die Geschichte ihren eigenen Weg. Sie war wieder die Alte. Ihre Lebensgier erwachte. Bald würde sie anstürmen und viel Aufregung in mein Haus bringen.

DER LITERARISCHE ORT

Der Innerschweizer Schriftstellerverein organisierte Besuche von literarischen Orten. Ich führte die Gruppe ins Maderanertal. Ich hatte das enge Gebirgstal in meinem Roman SCHNEEFESSEL festgehalten, ohne einen Namen zu nennen. Das Tal konnte auch im Wallis liegen, in Bayern oder Österreich. Jedes Bergdorf in einem Alpental konnte der Ort der Handlung sein.

Wir wollten uns das Grand-Hotel anschauen, das im Buch auf einem Gipfel wie ein hell erleuchtetes Schiff durch die Dunkelheit über den Himmel segelt. Dort waltete meine Hauptfigur, das Croupier-Lini, am Boule-Tisch.

Unsere Gruppe fand die geschilderten Berge, das enge Tal, den Wildbach, die Felsen, die gefährlichen Trampelpfade und vor allem die Lawinenhänge. Doch wo war das feudale Grand-Hotel?

Der damalige Präsident Andreas Iten fasste unsere Ortsbegehung in die Schlussworte:

»Nun haben wir gesehen, dass wir den literarischen Ort nicht sehen können.«

Natürlich musste ich zugeben: Der Ort war in meinem Kopf. Das anschaulich geschilderte Grand-Hotel hat es nie gegeben. Ein Hotel, das einem Kursaal glich, stand im Dorf meiner Kindheit am Axenfels.

Die Fläche, auf der sich mein Figurentheater dreht, hat immer einen Rahmen. Berge setzen den Bewohnern Grenzen und die unbändigen Mächte der Natur halten sie in Schach. Es kann aber auch der Fensterrahmen einer stillen Wohnung mit Blick zum Autobahnstrich sein, der einen Roman mit vielen Facetten in Gang setzt und zusammenhält. Oder auch ein verwinkelter, überwucherter Garten, in deren Buschwerk eine Figur sich verliert.

Jedes Jahrhundert diktiert seine Lebens-Bedingungen. Diese bestimmen die Wendepunkte und Zäsuren der Figuren in meiner Geschichte. Schreibend male ich mir meinen Ort, plane die Wege ein, bebildere die Felsen im Hintergrund und vernehme das Geräusch der Wellen, die sich ans Ufer werfen. Ich kenne den Duft, die Geräusche, die Lichtquellen, die Architektur der Häuser. Jedes Detail steht mir klar vor Augen. Nur so kann ich meine Figuren auf dem Spielfeld bewegen. Dies ist der Ansatz, um das Leben der Bewohner an diesem Ort erlebbar zu machen.

Meistens taste ich mich an Menschen heran, die ich kenne und bewege mich auch in allen Romanen auf einem überschaubaren Raum, den ich zu bebildern und mit einer Atmosphäre auszustatten vermochte. Meine Umgebung inspiriert mich. Ich wähle auch nur wenige Figuren. Denn ich will sie von nah beobachten können, wenn ich sie auf den Zickzackweg ihres Schicksals schicke. Doch beim Schreiben werden alle zu Figuren. Und jedes Erlebnis wird zu Stoff. Ich kann mich nun schreibend und meine Idee entwickelnd von der Vorlage lösen. Mein Roman geht seinen Weg.

»Erzählen Sie von sich!«

Eine oft gestellte Frage. Sie lässt sich nicht mit ein paar Worten beantworten. Das Leben zerfällt in tausend Partikel. Abendfüllend. Romane füllend. Ja, wer bin ich?

Ich will mir die Vermerke in Klappentexten und im Wikipedia ersparen. Ich war einmal Lisa Plüss, Croupier-Lini, Hanna Marty, die Stripperin Syra, die hässlichste Frau der Welt, eine Tankwartin, eine lachende Hexe und die Vielgeliebte meines Mannes. Ich bin jede Figur in jedem Roman für die Dauer des Schreibprozesses gewesen.

Mehrere Romane wurden dem Leser aus der Sicht der Erzählfigur nahegebracht, die in eine Lebenskrise geraten ist, sich neu orientieren muss und nun die zaghaften Schritte einer Erwachenden wagt.

Bin ich diese Erwachende? Diese Vorantastende? Eine sich dem Wagnis des Lebens Ausliefernde? Schwer zu sagen. Ich bin Tausende. Wie wir alle.

Jeder Text ist eine Entdeckungsreise. Wenn ich eine Idee habe, warte ich nicht, bis die Sonne mich küsst, sondern lasse es krachen. Ich möchte eine Welt erblühen lassen. Ob mir das gelingt, weiß ich nicht. Ich muss es versuchen.

Ich beschäftigte mich auch nach meiner Heirat von früh bis spät mit Schreiben. Das Feinmeißeln des Stoffs ist mühsam. Ich kann zehn oder mehr Stunden am Schreibtisch verbringen. Tage oder Wochen vergehen, ohne dass ich mit Leuten zusammentreffe. Eine ideale Arbeitsgrundlage. Am besten lief die Arbeit, wenn kein aufregendes Ereignis meine Konzentration störte.

Zugegeben: Es gab auch Zeiten der Lähmung.

Dramatische Momente gibt es im Leben eines jeden Menschen. Verleiteten mich meine Probleme und Ängste dazu, sie schriftlich zu verarbeiten? Ich finde, Kummer ist nicht da, um ihn auszuweiden. Man muss ihn durchleiden. Und damit hat es sich! Schreiben lenkt aber ab und bringt auf andere Gedanken. Vielleicht verwebe ich meine Erfahrung mit einer Fantasie. Und natürlich durchwühle ich auch den Dachboden der Erinnerung, in der Hoffnung, dort Brauchbares zu finden.

Bin ich eine Akrobatin im Verschleiern? Möglicherweise. Mein Entwickeln von Ideen hat mich im Lauf der Zeit zu einer Jongleurin gemacht, die Trümmerteile durch die Luft wirbelt, um sie zu etwas ganz anderem, vor allem zu etwas viel Hinreißenderem aufzubauen.

Dolly konnte ihren verletzten Fuß nun wieder in Schuhe mit schwindelnd hohen Absätzen zwängen. Sie war verliebt. Dem Neuen gefiel sie als Odaliske. Also war sie eine Odaliske und wartete, bis der Pascha so gnädig war, ihr das Taschentuch zuzuwerfen. Sie wirkte ihn in ein Gespinst aus Augenglanz, Zärtlichkeit, Begierde, Musik und Kerzenlicht. Er war der Gefangene seiner Odaliske. Und sie sein Spiegel. Er sah darin ihre Bewunderung. Sie betete ihn für seine Einmaligkeit an. Dafür liebte er sie, für dieses wunderbare Bild seiner selbst. Ihre Begeisterung für ihn riss ihn mit. Und er wuchs über sich hinaus. Das war etwas Neues im ebenmäßigen Verlauf seiner Tage.

»Ich bin ein Wunder für den, der nichts mehr erwartet. Ich bin der Nagel zum Sarg für jenen, der glaubt, dass ich seine Erfüllung sei.«

So gefiel sie mir. Sie versprühte einen Funkenregen und verzehrte sich wie ein prasselnder Feuerwerkskörper.

Ab und zu erhielt ich ein Lebenszeichen von Besuchern einer Lesung oder von jemandem, dem ein Text gefiel.

Um Menschen zu treffen, musste ich ausgehen. Manchmal rannte jemand auf mich zu und umarmte mich. Aber ich hatte keine Ahnung, wer die Person war, die mich duzte und in Erinnerung schwelgte. Ich schämte mich für meine Ahnungslosigkeit. Aber während der Jahrzehnte als öffentliche Person hatte ich gelernt, mich mit fremden Menschen so zu unterhalten, als wären wir seit Ewigkeiten befreundet. Im Lauf des Gesprächs stieß ich gewöhnlich auf einen Erinnerungsfaden. Und ein Stein fiel mir vom Herz.

In meinem Frauenklub begegnete ich vielen unterschiedlichen Persönlichkeiten. Diese Frauen betrachteten die Mühe des Aufstiegs in der männerdominierten Wirtschaft als normal. Tore standen offen, sie mussten nur den Fuß hineinsetzen. Um die Welt auf den Kopf zu stellen brauchte es nicht nur Mut, sondern auch eine Prise Unverfrorenheit und etwas Glück. Die Frauen bauten einander auf. Alle wussten, dass es Eifersucht, Intrigen, und Ungerechtigkeit gibt. Und lebten damit. Sie wollten nicht gegen die Männer kämpfen. Sondern mit ihnen Seite an Seite arbeiten. Sie wollten auch nicht immer nur perfekt sein. Schritt um Schritt versuchten diese Frauen die Gleichberechtigung zu erreichen. Von der Revision des Aktienrechts erwarteten sie, dass mehr Frauen Kaderstellen besetzen. Ich konnte viel von ihnen lernen. Sie agierten im Hier und Jetzt, während ich mich am Schreibtisch durch Fantasieschluchten hangelte und Macht über meine Figuren ausübte.

Ihre und meine Welt unterschieden sich. Deshalb empfand ich diese Treffen als elektrisierend. Die Frauen wussten, was sie wollten. Sie diskutierten voll Leidenschaft, verfolgten hartnäckig ihr Ziel und ließen sich von niemandem klein machen. Ich, die im sicheren Zuhause gefahrlos durchs World Wide Web schlingerte, konnte mich nicht mit ihnen messen.

An den universitären Hochschulen ließ sich bereits seit dreißig Jahren eine Zunahme des Frauenanteils, sowohl bei den Eintritten als auch bei den Abschlüssen beobachten. Es entstanden Dienstleistungsbetriebe wie Frauenbuchläden, Frauenwerkstätten, Quartierläden, Kontakt- und Beratungsstellen für Ausländerinnen. Frauenveranstaltungen wurden organisiert, Selbstverteidigungskurse fanden statt, und es bildeten sich Selbsterfahrungsgruppen zu den Themen: Sexualität und Gesundheit.

Ich stellte schon immer Frauen in den Mittelpunkt. Ließ mich leiten von ihren Träumen, ihren Begabungen, ihren Auftritten und Grenzen. Es gibt viele Gebiete, für die man sich begeistern kann und die zu einem ungeahnten Höhenflug aufschwingen lassen. Natürlich gibt es ebenso viele Möglichkeiten zu scheitern und auf dem Pflaster der Realität aufzuklatschen. In meinen Büchern erzähle ich davon. Vom Mut der Frauen, ihrer Kraft, ihrer Befähigung zu Großem, ihrem kleinen Glück und ihren unverschämten Träumen. Aber auch von den Regeln einer Gesellschaft, die den Höhenflug stoppt.

Eine solche Frau war *Anna Maria Schmidig* aus dem Muotathal. Ich habe ihr im Buch DAS LACHEN DER HEXE ein Gesicht gegeben. Bis dahin hatte sie für die Innerschweiz und darüber hinaus nur eine Fratze. Sie wurde vor hundertachtzig Jahren als Hexe getötet.

Eine andere war *Julie Helene Bider,* die Schwester des legendären Fliegerhelden Oskar Bider. Sie nahm sich vor hundert Jahren das Leben, weil sie als Schauspielerin und Femme fatale nicht der Vorstellung der Gesellschaft entsprach. SYRA DIE STRIPPERIN kannte niemand unter ihrem richtigen Namen. Sie war vor achtzig Jahren das erste schweizerische Glamourgirl, eine Art Aushängeschild des Milieus. Die international gefragte Tänzerin wurde als eine der schönsten Frauen der Welt gefeiert und auch in den Mord an Kennedy verwickelt. Sie galt etwa so viel wie das Luxus-Markenzeichen auf einer Kühlerhaube. Erwartete keinen Respekt als menschliches Wesen und starb vergessen und verarmt.

Diese Frauen hatten eines gemeinsam: Sie betraten zur falschen Zeit die Bühne der Welt. Für große Auftritte war die Zeit noch nicht reif. Für ihren Traum, sich zu verwirklichen, wurden sie bestraft.

Dollys neue Liebe ging zu Bruch und ließ in ihrem Mund den altbekannten bitteren, heißen Geschmack der Enttäuschung zurück. Sie verfluchte sich, weil sie bewundern, begehren, gehalten und liebkost werden wollte. Aber diese Sehnsucht eigentlich in Ketten legte.

Nun schlief sie einige Zeit nur noch zur Buße mit Männern. Lag einfach da und ließ es passieren, reglos und sanft. Die Augen öffnete sie erst wieder, um den Liebhaber nach Hause zu schicken. Sie war noch immer anziehend, hatte eine schlanke, bewegliche Gestalt und feurige Augen. Sie strahlte Wildheit und Kühnheit aus. Man gab ihr höchstens fünfunddreißig Jahre. Doch sie hatte das Klimakterium bereits hinter sich.

»Ich habe immer zu viel gewollt. Aufregung, Beachtung, rasende Begierde, sich jagende Höhepunkte und ewige Liebe. Kann es sein, dass ich dabei das kleine, einfache und dauerhafte Glück verpasst habe?«

»Das kann sein. Du glaubst an eine vollkommene Geschichte, an ein gutes Ende dieser Geschichte. Diese Wünsche sind nie in Erfüllung gegangen, sie können nie in Erfüllung gehen.«

Dolly wischte mit der Hand vor dem Gesicht herum, als schwinge eine Spinne am Faden vor ihrer Nase. Diese Geste des Verwischens wurde ihr in diesen Tagen zur Gewohnheit.

»Ich wende mich dem ewigen Eis und meinen steinernen Geliebten, den Bergen, zu.«

Ein Schwur. Doch sie hing nach jeder Trennung ihre Schleiergewänder in den Kasten, um Rucksack, Pickel, Seil und Steigeisen hervorzuholen. Bis ihr wieder jemand begegnete. Die wirkliche, die wahre große Liebe.

Schreiben sei nicht an ein Alter gebunden, versicherten mir befreundete Autorinnen. Ihre Publikationen bewiesen es. Grauhaarige Damen strömten zu den Literaturtagen, die inzwischen an verschiedenen Orten veranstaltet wurden und ideale Voraussetzungen zum Kennenlernen von Neuerscheinungen boten. An einer dieser Veranstaltungen entdeckte ich im Publikum nach Jahrzehnten wieder einmal Erica Pedretti. Sie gab mir die Hand mit dem Satz:

»Du bist aber alt geworden!«

Es braucht eine stählerne Konstitution, um jeden Tag mit frischer Kraft und einem klaren Kopf an die Arbeit gehen zu können. Gesundheit ist keine Selbstverständlichkeit. Ich bin dankbar dafür.

Einiges ist wohl auch der Erbanlage zu verdanken. Oder dem Gesetz der Selektion. Die Vorfahren nannten es Naturgesetz. Es war dasjenige der Bergbevölkerung. Sie brauchten nie einen Arzt, ein solcher war auch nicht zu finden. Sie kannten aber die Wirkung von Kräutern und brauten Heiltinkturen. Ihre starken Kinder haben sich durchgesetzt, die schwächlichen sind gestorben. Gebete wurden nicht immer erhört. In schlechten Zeiten fand sich ein Sündenbock, auf den sie alle Übel überwälzen konnten. Auch dies war ein Gesetz. So sicher wie das Amen in der Kirche.

Meine Vorfahren hielten Lexiken für unnütz, Ratgeber für unsinnig und Romane für überflüssig. Sie brauchten keine Gebildete und Gelehrte. Diejenigen mit einem schlauen Kopf haben es weit gebracht, sogar auf dem abgelegensten Krachen. Die Denkfaulen haben eine notwendige Arbeit verrichtet. Sie fanden, dass es auf dieser Welt die einen und die anderen braucht. Dieses Gesetz habe Jahrhunderte lang Geltung gehabt und man sei nicht schlecht damit gefahren.

Bücher machen blind, behauptete mein Vater. Sie gaukeln vor, dass man alles darin finde, was ein Mensch zum Leben wissen muss.

»Vertraue nicht darauf, denn dies lähmt dein Handeln. Statt das Notwendige zu unternehmen, blätterst du in einem Buch.«

Er konnte sich das Lesen nur als merkwürdigen, bizarren und faden Zeitvertreib vorstellen, der vom Tagwerk abhält. Als Rückzug von der Welt. Er schaute sich die Dinge genau an und besaß die Konzentration eines Jägers auf Lauer.

Ich, seine Tochter mit den vielen Namen, glaube ans Buch. Es versperrt der Fantasie nicht den Weg. Im Gegenteil, es fördert sie. Ich finde nichts Lähmendes am Lesen, sondern einen Anstoß zum Denken. Den Zugang zu einer Erfahrung, die mir ohne das Buch niemals vergönnt wäre.

Literatur besitzt die Kraft, im Kopf des Lesenden eine

eigene Welt erstehen zu lassen. Die Fantasie ist ein wertvolles Gut. Meine Meinung. Diejenige der Tochter des Jägers.

Leider war es mir nicht vergönnt, das meinem Vater zu erklären, ehe er an der Sonne sitzend verstarb.

Leser wird es trotz der Unkenrufe so lange geben, wie es auch Menschen gibt. So erklärte es mir mein Verleger, er muss es wissen. Ob in Form von Papier oder als Bildschirm-Untertitel, der Leser vermag die Schrift aus ihrem Buchstaben-Dasein zu erwecken. Er schweift über ein Erlebnisfeld, von dem er jederzeit in den gewohnten Tag zurückkehren kann.

Bei mir stapeln sich die Bücher.

Doch die Zeit ist vorbei, da Leser ihre Bibliothek voll Stolz mit interessanten Werken bestücken. Bücher sind Ballast. Kein Beweis für Bildung. Nur wenige Bekannte besitzen noch ein Bücherregal und sind bereit, ihren Schatz bei jedem Umzug in Kisten zu verpacken. Zu diesen wenigen Bekannten gehört Charles Linsmayer. Er ist bereit mit seinen zweiundzwanzigtausend Büchern in eine Wohnung im hintersten Krachen der Schweiz zu ziehen, falls dort genug Platz für seine Sammlung ist.

Notebooks sind handlicher. Man kann sie mit Lexiken, Literaturwerken, Sachbüchern und Informationen aller Art füttern. Ihr Fassungsvermögen sprengt dasjenige einer Nationalbibliothek. Ich könnte mir Dolly Esquiero niemals ohne ihr Notebook, Handy und den winzigen Fotoapparat vorstellen. Außer diesen drei Dingen, ihren Kostümen und der Kletterausrüstung benötigt sie nichts zum Leben. Sie ist eine der fleißigsten Leserinnen, die ich kenne.

Unsere Freunde wechseln ihren Wohnsitz mehr als einmal im Leben. Der Beruf erfordert dies oder neue Lebensumstände. Sie sind immer im Aufbruch, richten sich anderswo neu ein, machen Ferien, reden von neuen Wohnformen. Ein Haus fürs Leben oder gar ein Generationenhaus ist heute keine Option mehr.

Auch wir verbringen einen Teil des Jahres in einem abgelegenen Steinhaus in Frankreich. Schreiben kann ich überall. Dazu benötige ich lediglich meinen Kopf und mein Notebook, auf das ich meine Sticks mit Notizen überspielen kann. Über E-Mail bin ich mit der Welt verbunden. In Sekundenschnelle verschicke ich Nachrichten und rufe die Antwort ab.

Wer also kauft im Buchladen meinen neuen Roman? Mein Zahnarzt berichtete, dass er ein Buch an einem Touristenort in der Hotelbibliothek vorgefunden habe. Während es draußen Katzen hagelte, konnte er den Roman im bequemen Sessel des Hotels lesen. Er wäre sonst nie dazugekommen.

Dolly wollte ihren Bergunfall nicht als Mahnung des Schicksals betrachten, um ein wenig zur Ruhe zu kommen. Während ihres Spitalaufenthalts dehnte sie ihren Facebook-Account aus. Sie verschickte ein Selfie, das sie mit geschientem Bein zeigt. Ihre Follower reagierten augenblicklich. Sie wurde enthusiastisch begrüßt. Dann erschien die Frage nach ihrem Zustand. Wenn sie positiv antwortete, wurde sie in Sekundenschnelle beglückwünscht und mit Likes überschüttet.

Tag und Nacht funkelten Nachrichten auf. Viele Menschen scheinen jederzeit erreichbar. Es macht den Eindruck, als wäre die digitale Beziehung ihre einzige. Beim Verlassen des Spitals hatte Dolly tausend neue Follower. Für eine Single-Frau bedeutet dies einen gewichtigen Wert.

Danach trafen auf ihrem Account alle Minuten Miniatur-Geschichten, Videos und Fotos von Haustieren, Kindern,

Ferien, Bergwanderungen und schön verzierten Kuchen ein. Als Dolly ein Bauchtanzvideo ins Netz stellte, wurde dieses von mehr als dreihundert ›Likes‹ aus allen Winkeln der Welt überschüttet.

Im Facebook, sagt Dolly, werde sie wahrgenommen. Anders als von mir, ihrer Freundin.

»Diese Feststellung ist erschütternd, Dolly!«

»Kennen Sie Blockaden?«

Wie oft gab ich eine Antwort auf diese Frage. Sie geistert durch Lesesäle. Das Publikum stellt sich diese Krise als normal im Leben einer Schreibenden vor. Ich suche nach einer ehrlichen Antwort.

»Nein. Keine Blockade. Die Geschichten sind da. Wohin ich meinen Blick richte. Sie schießen kreuz und quer in jede Richtung. Ich notiere die Ideen, setze noch einige Schlenker dazu. Et voilà!«

Unsere Tage sind reich an Augenblicken, die auf uns einstürmen, abprallen, vielleicht aber in einem Winkel haften bleiben. Man muss sie aufspüren, formen, darstellen. Die Frage ist nur, welche erregenden Momente ich herausheben will. Schwieriger ist es, den richtigen Blickwinkel für die Geschichte zu finden. Ruhelos wandere ich dann durch die Wohnung. Blättere in Büchern auf der Suche nach einem Ton, der in mir die Musik zum Klingen bringt. Ich setze mich wieder vor den Computer und starre auf den Bildschirm.

Es kann geschehen, dass mir eine Szene glasklar vor Augen steht, meine Finger übers Tastaturfeld rasen und ich die Zeit vergesse. Es kann auch geschehen, dass ich nach einem glanzvollen ersten Romanteil nicht weiter weiß.

Einen Roman von vorn beginnen bedeutet: auf die Zähne

beißen und neuen Schwung finden. Einfach ist dies nie. Ich kann aber ein Loch nur zudecken, wenn ich die Schaufel in die Hand nehme. Zugegeben: Ich bin meine eigene Sklaventreiberin. Trotzdem ich kann mir kein befriedigenderes Leben vorstellen. Allerdings kenne ich auch Müdigkeit, Antriebs- und Lustlosigkeit. Ich mache Schreibpausen. Früher hatte ich ein schlechtes Gewissen. Heute bin ich gelassener. Ich weiß, dass der Zeitpunkt kommt, da ich mich zu langweilen beginne. Mir fehlt der ›Kick‹, den das Vagabundieren durch die Fantasie mir gibt. Und ich sage: Genug ist genug. Los gehts. Wie ein Windhund renne ich einer Idee hinterher, die Lefze offen, die Pfoten über den Ohren und das Ziel knapp vor der Nase. Auf der Jagd nach dem sprühenden Leben.

TANZ MIT DEM LEBEN

Ich habe immer auch Kurzgeschichten verfasst und versucht, diese aus dem Fluss des Lebens herausgehobenen Augenblicke in einer Zeitschrift zu veröffentlichen. Zu Beginn des neuen Jahrtausends aber wurde das Feuilleton der Medien gekürzt oder gar aufgehoben. Dies änderte sich auch in den kommenden Jahren nicht. Im Gegenteil, die Vielfalt der Zeitungslandschaft schrumpfte und es gab wenig Möglichkeiten zum Publizieren von Kurzgeschichten. Für Autoren erlosch eine wichtige Einnahmequelle.

Auch die Lesungen wurden seltener. Buchpräsentationen werden meistens über den Verlag gebucht. In wenigen Fällen geschieht dies über Veranstalter kultureller Anlässe. Sie werden sehr professionell abgewickelt und meist durch Freiwillige in der Freizeit erledigt. Dies verlangt Umsicht und Organisation. Eine Lokalität muss gebucht werden, Lesende erhalten einen Vertrag, es werden Flyer verschickt, Plakate ausgedruckt und Zeitungsannoncen platziert. Von der Mund-zu-Mundwerbung nicht zu reden.

Einmal näherte sich ein Termin, ohne dass ich vom Veranstalter Flyer oder exakte Angaben zu meinem Eintreffen am Lese-Ort bekam. Einige Tage vor dem Auftritt meldete ich mich beim Organisator mit der Bitte um Auskunft. Der Veranstalter reagierte erstaunt. Man teilte mir mit, dass sich die

Kultur-Kommission für eine jüngere Autorin entschieden habe.

»Wir haben halt ein junges Publikum. Es will junge Literatur.«

Ich konnte nicht begreifen, warum man mir dies nicht längst mitgeteilt hatte, stattdessen in der Schwebe ließ. Zum ersten Mal ist mir klar geworden, dass ich eine *alte* Schriftstellerin bin. Jung ist nur meine Literatur, frisch ist mein Geist und feurig meine Leidenschaft. Ich wollte mir nicht ausmalen, wie jene Kultur-Kommission und jenes junge Publikum die Mundwinkel zu einer Lesung von *Emily Brontë* ziehen würde.

»Sie sind zu alt!«

Gilt diese Begründung auch für die Ausstellung eines Kunstmalers oder Objektkünstlers? Als Dolly Esquiero davon Wind bekam, tobte sie eine halbe Stunde. Sie war nur mit Mühe von einer Klage wegen Vertragsbruch abzuhalten.

Auch die Auslandsreisen schrumpften. Eine der wenigen Auftritte hatte ich in Hamburg bei der alljährlichen Lese-Veranstaltung von E.ON. Man traf hier Schriftsteller aus dem ganzen deutschsprachigen Raum. Diese Tage im Jahr 2010 aber waren vom Vulkanausbruch Eyjafjallajökull auf Island getrübt. Nach einer Reihe von Eruptionen verursachten Aschewolken, die der Wind über Nord- und Mitteleuropa trieb, einige Aufregung. Mitte April legten diese den Luftverkehr lahm. Ich war mit dem letzten Flug gerade knapp zur Lesung gestartet und saß jetzt mit vielen anderen Reisenden im Ausland fest. An einen Rückflug war nicht zu denken. Die Aschewolken schwebten über uns. Auf ein Flugzeug wirkten sie wie ein Sandstrahlgebläse, ließen die Fenster erblinden und beeinträchtigten die Düsenwerke. Mein Flugticket verfiel. Das Lesehonorar reichte gerade für den Zug. Ich wusste nicht, wie lange mein Hotel noch bezahlt ist. Jeden Tag reihte ich mich am überfüllten Bahnhof in die Warteschlange vor dem Schalter, um ein Rückfahrticket mit reserviertem Platz zu ergattern. Erst nach dem 21. April 2010 wurde der Flugbetrieb in Mitteleuropa wieder aufgenommen.

Solche Störfälle rüttelten auf. Man war Unterbrüche des geschmierten Ablaufs nicht gewohnt. Alles ging immer ruckzuck. Ein Impuls, ein Griff zum Handy und alles war eingefädelt. Die Devise hieß ›bigger, faster, better‹.

Kann sein, dass einem die Jahrzehnte, die man mit einer schöpferischen Arbeit verbringt, ein Gefühl von Allmacht verleihen. Nur zu gern glaubte ich an die stetigen Fortschritte von Technik und Wissenschaft. Nur zu gern blendete ich die Gewalt der Natur aus. Meine Arbeit, meine Reisen, die Beschäftigung mit Literatur und die Anstrengung, mich im Alltag zurechtzufinden, ließen mich vergessen, wie winzig und machtlos ich bin. Der Mensch ist gegen nichts gefeit. Es kann jederzeit und überall etwas völlig Unerwartetes seine Pläne durchkreuzen.

Die Post überbrachte mir das Paket eines Toten. Ich war sprachlos, als ich mir dessen bewusst wurde. Der Name des Verstorbenen war mir ein Begriff. Seit vielen Jahren erhielt ich Anrufe von ihm. Vor allem aber Briefe und Pakete. Den Absender lernte ich nie persönlich kennen. Er nahm aus der Ferne väterlich an meinem Leben teil. Schickte mir eine ausgeschnittene Rezension mit seinen Anmerkungen, ließ hin und wieder einen Strauß Rosen vor meine Tür legen und einmal fand ich eine Muschel. Jedes Geschenk war von einer

Künstlerkarte begleitet. Wenn er glaubte, ich hätte durch eine böse Kritik Kummer zu erleiden, meldete er sich:

»Alles halb so wichtig!«

Es beruhigte mich, dass da einer über mich wacht.

Von ihm selbst gab es nur wenige liebenswürdige Zeichen.

Er war schon vor zwei Monaten gestorben. Ich hatte dies nicht einmal bemerkt. Das allerletzte Paket kam nun von seiner Witwe. Sie fand, ich müsse wissen, dass ihr Mann in einer Ecke einen Altar errichtete. Alle meine Bücher baute er da auf, meine besten Kritiken und auch meine wenigen Briefe an ihn. Sie waren von einem Band umschlungen und mit Vermerken durchsetzt. Die Mitte des Altars zierte ein großes Foto, das ich ihm einmal mit meiner Signatur zugestellt hatte. Es steckte in einem Lederrahmen. Nicht einmal die Kerze fehlte.

Die Witwe packte all diese Dinge in eine Schuhschachtel, legte eine Aufnahme von diesem Altar dazu und schrieb einen einzigen Satz:

»Ich dachte, Sie sollten das wissen.«

Es rührte mich beinah zu Tränen.

Über sich schrieb die Witwe nichts. Wie eine Frau sich fühlt, wenn ihr Mann vor dem Altar für eine andere kniet? Kein einziges Wort.

»Sind Sie von der Kritik hart angefasst worden?«

Wer wurde nie niedergestampft!

Es gibt Momente der Verzweiflung. Alle Schaffenden, die das Beste aus sich herausholen, kennen Niedergeschlagenheit. Ich erinnere mich aber nicht, dass ich dann weinte. Ich zog mir die Bettdecke über den Kopf. Vielleicht nahm ich eine Schlafpille, um nicht die halbe Nacht wach zu liegen.

Am nächsten Tag hatte ich neuen Mut und kehrte an den Schreibtisch zurück, um die Welt aus Distanz zu betrachten.

Bosheiten ärgern. Aber manchmal gibt es eine späte Genugtuung, die eine erlittene Schmach in einen Sieg verwandelt. So wie dies mit meinem Hörspiel TAMBOURINSCHLAG geschehen war. Es zeigte die Atmosphäre einer Modeschau. Die eifersüchtige Pianistin hetzt das schwangere Model mit einem Galopp über die Teppichfalte. Der Sturz löst eine Frühgeburt aus. Es war ein inniges, eher leises Hörspiel, das Einfühlungsvermögen voraussetzt. Klagenfurt wollte dieses Hörspiel am Muttertag senden. Das Lektorat nannte es: »Das beste Hörspiel, das wir im nächsten Halbjahr senden werden.« Während ein Jahrzehnt zuvor im produzierenden Studio Basel nach dem Anhören tödliche Stille herrschte. Eine Assistentin flüsterte dem Regisseur zu:

»Bist Du denn nicht auch beinah eingeschlafen?«

Damals schlich ich deprimiert an die frische Luft. Aber ich zerbrach nicht. Keine Gehässigkeit konnte mich brechen. Ich vertraute auf meine Kraft.

»Du bist nicht aus Glas, sondern aus Plastik«, hat Dolly einmal zu mir gesagt. »Du zersplitterst nicht. Du bekommst nur einige unschöne Dellen. Die kann man auswuchten.«

Wir haben darüber zusammen gelacht. Liebegüte, wie oft wir uns kugelten vor Lachen!

Das Einbüßen ihrer Gelenkigkeit bereitete der schönen Dolly Probleme. Sie konnte ihre Liebhaber zwar noch immer mit den Verschlingungen einer Odaliske bezirzen. Aber diese hatten keine Ahnung, wie schwer ihr das Auftreten fiel, denn ihre wirbelige Freundin lief ihnen mit erhobenen Armen entgegen, fiel um ihren Hals und ließ sich mit Küssen und Geschäker zum Sofa tragen.

An den Tandemgleitflug mit Bruno Petroni war im Moment nicht zu denken. Kenner rieten ihr davon ab, überhaupt noch daran zu denken. Diese Vorstellung musste ihr, die ihr Leben für Bewegung hingab, unerträglich sein.

Nun wütete Dolly im Facebook. ›Es geht mir heute noch immer nicht so gut, wie vor dem Unfall.‹ Sie erhielt innert Minuten fünfzehn tröstende Antworten von ihren Followern und unzählige weinende Smileys. Sie antwortete mit Bildern von jener Gratwanderung, die sie vor vier Jahren schaffte. Danach stellte sie ein Video ins Netz. Es zeigte sie auf der winzigen Fläche des Mönchgipfels beim Singen von ›Amazing grace‹.

›Wie hast Du den Südostgrat geschafft?‹ – ›Ein Fake. Dolly verarscht uns! Das Video wurde in einem Tonstudio vor der Fotowand des Mönchgipfels aufgenommen.‹

›Kein Fake‹, antwortete Dolly. ›Ich schaffte den Grat am Seil von meinem Bergsteigerfreund Bruno Petroni. Damals war ich eine Berggeiß. Der Grat ist sehr eng. Rechts und links fällt der Fels tausend Meter senkrecht in die Tiefe. Wäre Bruno gestürzt, hätte ich mich nur mit einem Sprung auf die andere Gratseite retten können.‹

›Es gibt dort immer wieder Unfälle. Und zwar weil dieser Viertausender einfach zu besteigen ist. Er kann aber trotzdem schnell sehr gefährlich werden. Ich habe schon blockierte Deutsche unterhalb der Sicherungsstangen angetroffen, die hatten ihr neues Bergseil noch gar nie ausgepackt, das Preisschild hing noch dran.‹

›Hinaufkommen ist das eine. Aber dann der schwierige Abstieg?‹

›Bruno hat mich von hinten gesichert und ich ging voran. Obwohl ich keine Höhenangst habe, machte mir jeder Schritt

Mühe. Auf dem Schneefeld angekommen, glaubte ich, mich übergeben zu müssen. Aber wir haben auch den Rest des Abstiegs zusammen geschafft.‹

Die Nuklearkatastrophe von Fukushima am 11. März 2011 besiegelte die Zukunft der Atomreaktoren. Land wurde kostbar und rar. Man konnte sich kaum noch weitere Erschließungen von Agrarboden für Straßen, Bauten und Supermärkte im Grünen denken. Doch der Wunsch des Konsumenten nach Unterhaltung war ungebrochen. Die Betreiber erfanden immer neue und spektakulärere Events, um Kundschaft anzulocken.

Dolly sann darüber nach, wie sie den Gleitflug bewältigen könnte. Ließ ihren Fuß massieren. Machte Turnübungen zur Kräftigung der Muskeln. Studierte Videos von Gleitflügen.

Und jeden Tag stellte sie neue Bilder von sich ins Netz. Um sich an ihre besten Zeiten zu erinnern. Um begehrt zu werden. Um sich mit der Anzahl ihrer ›Likes‹ über alles zu trösten, was ihr unter den Füssen wegzurutschen drohte. Halbe Nächte trieb sie in ihrer Medienwolke. Sie war zwar nur ein Bit in einem gigantischen Netz, dessen Zweck mir unklar und unbegreiflich ist. Aber dieses Bit war Dolly, hatte Launen, war unglücklich und brauchte Trost.

Das Leben meiner Freundin wäre ein Stoff. Ihr Leben könnte in verschiedenen Varianten erzählt werden. Aber ich müsste die richtige Auswahl treffen. Dies weglassen und jenes zufügen. Ich bin mir bewusst, dass mein Wissen über Dolly gerade knapp einige Seiten füllen würde. Zuwenig für einen Roman. Ich kenne Ihre Art sich zu bewegen, zu verführen, ihren Umgang mit Liebe und Enttäuschung. Ich müsste aber wissen, warum sie tausendundeine Frau sein will. Woher sie ihre Kraft bezieht. Was sie zu den gefährlichen Sprüngen und Gipfelbesteigungen und auf Gesangsbühnen treibt. Warum sie lieben, aber allein leben will. Wie sie zur Schützin Ypsilon steht. Welches Geheimnis verbirgt sie?

Kein Mensch ist durchschaubar, schon gar nicht Dolly.

Ich würde zusätzliche Ideen benötigen. Ich müsste in ihr Innerstes vordringen. Ein Buch zeigt schließlich das Werk des Lebens am Menschen. Es ist die Schöpfungsgeschichte eines Schicksals. Eine Variante unter einer Vielzahl von Möglichkeiten. Es wäre nicht Dollys Geschichte. Es wäre eine ähnliche, zugleich auch eine andere Geschichte.

Ist es nicht eine faszinierende Vorstellung, dass man auch einen anderen Lebenslauf haben könnte?

Beim Schreiben entwickle ich ein lesbares Modell von Szene zu Szene, bis hin zum beabsichtigten Ziel. Wenn die Arbeit gut ist, leben die Leser mit. Er muss die Welt in sich aufnehmen. Das Buch stellt Anforderungen. Wer liest, muss offen sein. Den Raum bebildern. Die Wirkung der Worte zulassen. Mitdenken. Ein anderes Schicksal nachvollziehen. Vielleicht verärgert die Figur, weil sie durch ihren Tag stolpert. Oder im Gegenteil, weil sie leicht dahinfliegt und an eine Wand klatscht. Ihm, dem Leser passiert nichts. Er durchlebt diese Erfahrung, bequem, gefahrlos, im Sitzen.

Jedes Buch ist ein Tanz mit dem Leben auf Probe.

Um sich für ihren künftigen Gleitflug zu stählen, durchschwamm Dolly kalte Bergseen. Sie machte noch keine Spagate, sprang auch nicht über Gletscherspalten, aber sie marschierte ins Hochgebirge.

Sie erzählte mir von ihren Vorbereitungen. Sie sei gut im Schuss.

Ihre Hartnäckigkeit erinnerte mich mit welcher Selbstverständlichkeit das Mädchen Ypsilon sich auf dem Rasen niedergelassen und in meinem Blickfeld breitgemacht hat. Und nach dem Schuss ist sie als Motorradbraut zurückgekehrt, hat sich das Gebüsch angeschaut und den Luftweg, den die Patrone durchschwirrt hatte.

»Sie ist die Kriegerin in sich nie losgeworden: meine Mutmaßung.«

Vielleicht würde sie jenes Ereignis anders beschreiben. Bis heute hat sie geschwiegen.

Dolly gab keine Antwort, sondern starrte auf meinen Hals, als habe sie den Grund ihres Besuchs bei mir vergessen. Oder denke an die Fotografie eines verbitterten Mädchens. Vielleicht gar an ein klärendes Gespräch.

Ich hatte das Glück, das Jagdhaus von meinem Vater auf der Rigi übernehmen zu können. Es liegt auf einer Krete mit Blick über den Vierwaldstättersee bis zum Mittelland. An klaren Tagen ist der Jura zu sehen.

Als Kind verbrachte ich dort mit meinem Bruder ab und zu ein Wochenende. Wir wunderten uns über die Lichterkette der Stadt Luzern in der Nacht, haben Cervelats am Feuer gebraten und sind über den Hang gekollert. Wir nahmen an, dass die Welt nur für uns da ist. Nur auf unseren großen Auftritt wartet. Mit meinem Mann verbrachte ich nun wieder Zeit in diesem Bauernhaus aus dem Jahr 1764. Es trug noch Vaters Spuren in Form eines rostigen Nagels, einer von Efeu überwachsenen Waldtreppe und einer Geweih-Unterlage, die den eingeritzten Namen des Rehbocks, das Abschussdatum und den Ort zeigt, an dem er ›Sepp‹ einen Tannzweig ins Maul gezwängt und in sein gebrochenes Auge geschaut hatte. Diese Zeichen rühren mich. Sie zeigen mir, dass ein Leben beinah nahtlos in ein anderes übergeht. Diese lange, ineinandergefügte Kette macht mich andächtig.

»Cara, mia«, rief Dolly am Telefon. »Ich fliege über den Gletscher.«

Der Gleitflug mit Bruno war auf den folgenden Tag angesagt. Das Radio hatte schönes Wetter und gute Sicht gemeldet. Dolly war am Packen.

Sie schaffte den Tandemflug mit Bruno Petroni. Über den von Spalten zerrissenen Gletscher wegschweben, bedeutete die Krönung ihres Lebens. Sie stammelte, als sie es mir erzählte. Ihre Worte überschlugen sich.

Die Landung war der Heilung ihres Fußes nicht gerade förderlich. Trotz ihres Fliegengewichts vermochte sie nur noch auf einem Fuß zu stehen, den andern hob sie in die Luft. Sie benötigte einen Stock. Und hasste ihn. Doch sie benutzte diesen mit der Selbstsicherheit einer Frau, die im Tandemflug einen Gletscher überflogen und in die gebläute Tiefe seiner Spalten hinabgeblickt hatte. Als Siegerin.

Neben Romanen und Erzählbänden habe ich mehrere Hörspiele verfasst. Sie handelten von jungen und alten Frauen und wurden in Zürich und auch in Basel in Szene gesetzt. Das Miterleben der Produktion war immer ein besonderes Erlebnis. Ich ließ mir diese Möglichkeit nie entgehen.

Am tiefsten beeindruckte mich die Schauspielerin Agnes Fink in einer Hauptrolle meines Stücks. Sie konnte einen Satz fünfmal anders aussprechen, jedes Mal bekam er eine ganz andere Bedeutung. Die Manuskriptseiten versah sie mit einer eigenen Notenschrift. Diese erinnerte mich an die Komposition eines Musikstücks. Frau Finks Eifer, ihre Ausdauer und die Bescheidenheit, mit der sie den Rat des Regisseurs befolgte, beeindruckten mich tief. Es wäre ihr nie in den Sinn gekommen, nur ihren eigenen Dialog durchzulesen, wie ich das bei anderen Schauspielerinnen erlebt habe. Am Ende saß ich mit der Truppe im Klangraum, um mir das Hörspiel anzuhören. Es ergriff mich zutiefst. Der dramatisierte Text wirkte stärker und ergreifender, sodass sich meine Haare aufstellten und ich zu weinen begann. Ich schämte mich deswegen. Wie konnte ich diesen Dialog beim Niederschreiben aushalten, ohne zu leiden?

Dolly, die ebenso viele Männer wie Gipfel bezwungen hatte, wurde immer seltener besucht, denn auch die Liebhaber wurden älter. Büßten die Sehkraft ein, das Gehör, die Beweglichkeit und schließlich verloren sie auch die Berechtigung auf den Führerschein. Wenn Dolly keine Lust zeigte, einem Mann zuliebe mit ihrem Flitzer durch die Welt zu sausen, dann blieb diesem keine andere Wahl, als mit einem öffentlichen Verkehrsmittel zu reisen.

Dollys Welt bröckelte.

Nach einigen langen Wanderungen, von denen sie erschöpft zurückkehrte, meldete sie sich in einem Seniorenheim an. Sie war klug und stark genug, ihre Situation ohne Illusion zu überblicken. Ihr Fuß würde nie wieder gut. Ich war überrumpelt. Sogar entsetzt. Auch für mich stürzte eine Welt ein.

»Ach Cara!«, Dolly umarmte mich.

»Es ist nicht das Ende. Noch lange nicht.«

Man wagt als Autorin nicht zu träumen, dass ein Buch etwas bewirkt. Ohne Zweifel ist das Paradies keine Aufgabe der Literatur, sondern die Arbeit der Menschheit. Und doch hat mein Buch DIE HÄSSLICHSTE FRAU DER WELT eine so grandiose Lawine losgetreten, dass ich es noch heute kaum fassen kann. Es erzählt von der Bartfrau *Julia Pastrana*, die im Jahr 1855 von einem Tierhändler mit dem Namen Lent in Mexiko gekauft und als Affenfrau im Käfig zur größten Attraktion aller Zeiten in den Schaubuden gezeigt worden ist. Um sich sein Exponat zu sichern, hat der Schausteller die Bartfrau geheiratet und gegen Anraten der Ärzte ein Kind mit ihr gezeugt.

Zu seiner Freude erbte auch dieses die Haarkrankheit. Doch Kind und Mutter starben bei der Geburt. Der Schausteller ließ seine Frau und sein Kind ausstopfen und tingelte mit seiner Sensation durch ganz Europa. Im Krieg sind die Exponate verschollen und tauchten erst Jahrzehnte später im Keller des forensischen Museums Oslo auf.

Die Reaktion meiner Leser war überwältigend.

Nach Erscheinen des Buchs meldeten sich zahllose Leser und Leserinnen. Man hatte Mitleid mit dem Wesen, das lebenslang ausgenutzt und bis zu diesem Tag noch nicht einmal würdig begraben worden war. Auf einer digitalen Plattform führte ich dreitausend Gespräche und veranstaltete für Julia einen Gedenktag. Auf unzähligen Bildschirmen erschienen nun, statt der Profile der Teilnehmenden, eine brennende Kerze für Julia. Dies fiel im virtuellen Raum auf. Man fragte sich, was dies bedeuten könnte und loggte sich in unsere Gesprächsrunde.

Danach erwachte das Interesse für eine größere Aktion. Denn dass diese missverstandene und lebenslang benutzte

Frau als Fellhaufen und Anschauungsmaterial in einem Museumskeller verstaubte, war nicht einzusehen. Wir beschlossen eine Petition an das Norwegische Königreich einzureichen. Meine Leserschaft sammelte Unterschriften. Auch bei den BPW-Frauen meines Zofinger Klubs konnte ich das Interesse schüren. Es gehörte zu ihrem Engagement, sich für die Rechte der Frauen einzusetzen. Und die ›Pastrana‹ war nach einigen Gesprächsrunden ohnehin ein wenig zum Stern des Klubs geworden.

Wir warteten ungeduldig auf Antwort. Unsere Hoffnungen wurden zerschlagen. Dem Königshaus fehlte die Macht. Allein die Wissenschaft sei für das Exponat zuständig. Natürlich waren wir und Aberhunderte Leserinnen und Leser enttäuscht. Immerhin wurden Medien-Wissenschaftler in Österreich auf diese Aktion mit den Kerzen und der Petition aufmerksam. Sie vermerkten, dass man die Nutzlosigkeit von digitalen Aktionen dank dieses Beispiels bezweifeln muss. Es kann eine erstaunliche Anzahl Stimmen von Engagierten gewonnen werden, wie dieser weithin reichende, digitale Briefkontakt zeigt. Einige Zeit später griffen Aktivisten in der ganzen Welt das Thema auf. Mexiko, das Geburtsland von Julia, wurde in Norwegen vorstellig. Das Königreich entschuldigte sich. Der präparierte Leichnam von Julia Pastrana wurde aus dem Museumskeller in Oslo geholt.

Wir hatten diese Macht. Wir! Die Aufgebrachten. Die für Menschenwürde kämpften.

Im Februar 2013 wurde Julia von Oslo nach Mexiko überführt und unter großem Pomp in allen Ehren im Beisein von Botschafter, Gouverneur und Wissenschaftler in Sinaloa de Leyva beerdigt.

Ich erhielt Post von einer mexikanischen Anführerin einer Bewegung für Menschenrechte. Sie grüßte mich mit einem Jubel:

»Von Aktivistin zu Aktivistin.« Es versetzte mich in denselben Zustand von Ratlosigkeit, wie vor fünfzig Jahren, als man mich ›Feministin‹ nannte. Meine Briefpartnerin musste in ihrem Land sicher viel erleiden. Sie beschämte mich mit ihrer Anrede. Ich verdiente diese Ehre nicht. Ich benötigte nie Mut, um ein Buch zu veröffentlichen. Ich wurde vielleicht beschimpft und übergangen, aber nie bedroht. Die meisten Reaktionen waren positiv. Es stimmt, ich habe immer über starke Frauen geschrieben. Im 18.und 19. Jahrhundert war es noch zu früh für den Aufstieg von fähigen, eigenwilligen und mutigen Frauen. Sie wurden getötet, verstoßen, ausgebeutet und verachtet. Aber jetzt im 20. Jahrhundert konnte ich mit SCHWESTERN WIE TAG UND NACHT von einer Frau erzählen, die von Ehrgeiz besessen und zugleich zur richtigen Zeit geboren war. Sie maßte sich an, dem Himmel seine Linie vorzugeben. Der Roman zeigte die Vollblut-Geschäftsfrau nicht durch die Rosabrille, sondern als Agierende in einer spannungsgeladenen Beziehungsgeschichte im Umgang mit Macht, Ehrgeiz und Unersättlichkeit.

An einem regnerischen Tag zog Dolly als Madame Esquiero ins abgelegene Seniorenheim. Das Gebäude spreizt seine Flügel wie ein Insekt über die Kuppe eines Hügels. Es ist nur mit dem Auto zu erreichen. Doch Dolly durfte ihren Flitzer mitnehmen. Als sie durch den Regen auf den Eingang zu hinkte, schillerte ihr silberfarbener, wattierter Mantel wie die Schuppenhaut einer Sirene. Es rang mir Achtung ab, dass sie den Mut zu einer Veränderung aufbrachte. Ich half ihr beim Tragen des Gepäcks. Im Windfang blieb sie stehen und schaute mich lange und eindringlich an. Ich sah ihren Schrecken. Unsere Zeit raste und nichts war aufzuhalten. Wir nickten einander zu, denn wir begriffen, wie unwichtig im Grunde wir beide waren.

Im Aufenthaltsraum standen Sessel und Sofas in lockeren Gruppen. Die Insassen verbrachten dort die Zeit bis zur Therapiestunde und Essenszeit. Sie plauderten, spielten, lasen oder saßen einfach mit leerem Blick da und warteten. Worauf? Auf den Tod?

In den breiten Frontfenstern war ein im französischen Stil gehaltener Park zu sehen. Die Bergkette überragte die gestutzten Büsche und Kugelbäume. Die von Dolly erstürmten Gipfel waren verhangen. Auf einem Sofa döste ein älterer Herr. Meine Freundin stützte sich mit einem unvergleichlichen Hüftknick auf den Stock und schaute sich um. Der Mann erwachte und riss die Augen auf. Er stellte sich vor: Eleni Fonti. Mit der flachen Hand klopfte er auf den freien Platz neben sich. Mit angemessener Koketterie ließ Dolly sich neben ihm ins Polster sinken. Sie verbreitete eine Duftwolke aus Rosen und Zitronenblüten. Herr Fonti lächelte. Mit der Brille in der Hand deutete er zu den verhangenen Bergen. »Sie müssen da oben manchen Grat erklettert haben.«

»Und Sie, Herr Fonti?«, fragte Dolly.

»Ich war ein jämmerlicher Berggänger, aber ein guter Tänzer.«

Nach diesem Satz schloss er die Augen und öffnete sie an diesem Nachmittag noch ein einziges Mal, um eine Rechnung zu unterschreiben. Danach nickte er wieder ein. Dolly wunderte sich, wie es diesem Mann gelungen war, sie im

Halbschlaf als die Person wahrzunehmen, die sie ist.

Sie neigte ihren Kopf zu Fonti und machte vom Schlafenden und sich mit ihrem kleinen Fotoapparat ein Selfie.

EIN TUPFEN AM HIMMEL

Zum Glück kennt mein Mann Daniel keine Eifersucht. Weder auf meine Arbeit noch auf meine Freundschaften. Er war nie ein Leser. Aber er schätzt mein Schreiben. Das Wichtigste: Er kann sich bei literarischen Anlässen zurücknehmen. Er fährt mich zu jeder Lesung. Merkt sich alle Diskussionen und Menschen, die wir bei diesen Gelegenheiten kennenlernen. Auch wenn ich mit meiner Leistung nicht zufrieden bin, sagte er nie, ich hätte mich schlecht geschlagen. Er weiß, dass mich das Schreiben an einem neuen Buch in einen Zustand von Verliebtheit versetzt, kann sich aber meine Verzauberung nicht vorstellen. Wie sollte ein Mensch, der mit zwei Beinen im Leben steht, dies denn verstehen? Ich habe ihm erklärt, dass mich das Feuer einer Abenteurerin erfasst, wenn ich meine Figuren durch ihr Schicksal peitsche. Er versucht, mir einfach zu glauben. Natürlich ahnt er, dass es viel Leidenschaft braucht, um einen Roman bis ans Ende zu führen.

»Ich möchte einen Tupfen in den Himmel setzen«, sagte ich zu ihm. »Den Schlenker meiner Unterschrift.«

Ich glaube, er konnte das begreifen. Es schien ihm zwar etwas überspitzt ausgedrückt. Doch warum nicht? Er ist auch der Meinung, dass der Mensch mehr ist als eine Sternschnuppe, die aufblitzt, ziellos über den Himmel schießt und irgendwo erlischt.

»Meine Stimme ist nur eine von vielen, die ein Zeichen von unserer Zeit setzen«, erklärte ich.

»Du kommst auf merkwürdige Ideen!«, gab mein Mann zur Antwort.

Ich bin oft in Gedanken. Er findet, ich sei da. Und nicht da!

Doch er hat sich daran gewöhnt, dass ich plötzlich den Computer starte, um etwas zu notieren, eine Idee, einen Satz, ein Bild. Aber ungeduldig zapple, weil sich der Bildschirm viel zu träge öffnet. Er schlug sogar vor, den Experten zu rufen, damit dieser die Geschwindigkeit des Geräts erhöhe, weil seine Frau für nichts Zeit hat.

Nach einem Anruf von Dolly, die im Heim zufrieden, sogar von neuer Lebensfreude erfüllt schien, blätterte ich in einer Modezeitschrift und stieß auf Mannequins, die aufgescheucht ins grelle Blitzlicht blickten. Unwillig und pressescheu wehrten sie mit einer Hand die Kamera ab und flüchteten vor dem Fotografen. Gehetzte Tigerfrauen mit langen, weit ausholenden Beinen. Böse flackern diese Schönheiten den Bildbetrachter an, weil keine Frau es schätzt, halb bekleidet abgelichtet zu werden und auf dem Cover einer Zeitschrift oder gar einem wandhohen Plakat zu erscheinen.

Daniel blättert nie in meiner Frauenzeitschrift. Er hat dafür nur ein mitleidiges Lächeln übrig. Alle Männer, sagte er, hätten dafür nur ein Lächeln übrig.

»Was enthält denn dein Heft? Tipps fürs gute Aussehen, für die Kinder, die Ferien?«

»Wo lebst du? Die Tipps fürs Haushalten und die Erziehung gab es gestern. Die heutigen Redaktorinnen sind ausgeschlafen. Sie geben Ratschläge zur Gestaltung eines befriedigenden Berufslebens, für den Auftritt am Rednerpult, die Diskussionsrunde, das Führen von Personal. Wusstest du, dass sich demnächst die Babyboomer ins Rentenalter zurückziehen? Somit werden 73 000 interessante Stellen in Führungsetagen frei. Den Frauen ist dies nicht entgangen. Nur wenn sie sich rechtzeitig positionieren, haben sie die Chance, eine dieser Stellen zu ergattern. Wenn sich Männer nicht anstrengen, fallen sie zwischen die Sessel.«

In AUGEN-WEIDEN gab es zum ersten Mal einen Mann als Erzähler. Er weckte eine Steinwelt zum Leben und übte daran Sehen, Begreifen und Sich-ins-Unabänderliche-Fügen.

Literatur schärft den Blick. Im Alltag schleifen sich rasch Gewohnheiten ein und machen blind für die Dinge vor den Augen. Wenn diese aber in einem Buch auftauchen, so rücken sie ins Blickfeld. Ich erwarte von Literatur, dass sie die Grenzen in meinem Kopf weitet. Sie soll mir helfen, zu verstehen, was ›Das Abenteuer ein Mensch zu sein‹ bedeutet.

Auch ich war eine Facebook-Partnerin von Dolly. Wir standen täglich in Kontakt. Ihrem Fuß ging es an gewissen Tagen gut, an andern schleppte sie sich hinkend durchs Heim. Aber ihre Hoffnung auf Besserung wuchs. Sie übermittelte mir einen Filmbericht, der sie und Eleni Fonti aufgewühlt hatte. Eine Frau berichtete auf schlichte Weise, aber mit der gewaltigen Stimme einer Anführerin über ihr Leben. Sie sei einundachtzigeinhalb Jahre alt, sagte sie und legte Wert auf Betonung des überzähligen Halbjahrs.

»Wie wird man eine Kämpferin?«, fragte der Reporter.

Dies sei schwierig zu beantworten. Sie wisse nur, dass zu üppige und bequeme Lebensumstände nicht geeignet seien.

Die Frau lebte lange Zeit bei den Indios und kämpfte für den Regenwald.

»Trotzdem wird dieser immer weiter abgeholzt.«

In jungen Jahren habe sie sich dem Kampf gegen den Nationalsozialismus gewidmet, bis man sie aus der Schweiz herausholte, um sie in ein Lager zu stecken.

»Ich kämpfte bis zum letzten Tag. Trotzdem ist der Zweite Weltkrieg ausgebrochen.«

Ihr sei nie ein Sieg gelungen. Aber ihr Enthusiasmus für das, was sie als gut und richtig finde, sei ihr trotzdem nicht verloren gegangen. In ihr brenne ein immerwährendes Feuer. Sie gab aber zu, dass Leidenschaft allein nicht reiche.

»Man muss sich etwas schaffen, an das man sich klammern kann, an dem man sich immer wieder aufrichten kann. Bin ich einmal mutlos, so pflanze ich einen Baum. Dass er wächst, gibt mir Mut.«

Dolly notierte im Anhang der E-Mail: Auf meinem Nachttisch steht das Foto von einer verbitterten Schulfreundin. Das Bild mahnt mich, jede Liebe als Wunder zu begreifen. Sie war die Klassenbeste und betrachtete die Liebe als ein Recht. Wir besuchten einen Deutschkurs über berühmte Liebespaare, dieser hat uns tief erschüttert. Doch dann geschah etwas, das die Klassenbeste zu früh erwachsen werden ließ. Sie fand nie wieder zu einer Verzauberung zurück.

Ich dachte mir wenig beim Lesen des Anhangs. Ich kannte ihre Schulfreundinnen und Lehrer nicht. Und sah keine Verbindung zu Ypsilon. Hätte ich mir von Dolly ihr Zimmer im Heim zeigen lassen, wäre mir das Foto auf ihrem Nachttisch aufgefallen. Ich hätte darauf die Schützin erkannt und Dolly gefragt, wie sie zueinanderstehen.

»Dieses Mädchen wollte mich töten.«

Sie muss es gewusst haben. Von Anfang an. Beide sind von einem Literaturprofessor gedrillt und bis ins Mark erschüttert worden, der ein seltsames Verständnis für Liebesgeschichten hatte. Dolly war klar, dass ich keine Verbindung zum Wolf im Schafspelz zog, als sie im Anhang der E-Mail den Deutschlehrer erwähnte. Ich hätte aufmerksamer lesen sollen, dann hätte ich den gemeinsamen Faden erkannt und ihre Verbindung zum Wolf und mir begriffen.

Ich hätte Dolly Fragen stellen sollen.

Jetzt ist es zu spät. Ich habe in meinem Leben so manches bedacht. Doch die wichtigen Fragen habe ich nicht gestellt.

Die Forderung der Frauen: Gleicher Lohn für gleiche Arbeit war bereits in der Bundesverfassung verankert, aber nicht überall umgesetzt. Nachvollziehbare Gründe, warum eine Frau für dieselbe Arbeit und Leistung weniger verdienen soll als ein Mann, gab es aus Sicht der BPW Business & Professional Women keine. Sie fanden, es gebe noch viel zu tun und begannen, sich aktiv für den ›Equal Pay Day‹ zu engagieren. Damit wollten sie der Öffentlichkeit vor Augen führen, wie lange eine Frau übers Jahresende hinaus arbeiten muss, um das gleiche Lohnniveau wie ein Mann zu erreichen. Sie fanden, faire Anstellungsbedingungen für gut ausgebildete Frauen wäre ein Imagegewinn. Mit diesem Marketinginstrument können die besten Talente auf dem Arbeitsmarkt gewonnen werden.

Unsere Vorgängerinnen haben das Heute gestaltet – wir gestalten das Morgen. Mit diesem Motto ermutigten einander die Frauen im 50. Jubiläumsjahr des Frauenstimmrechts.

›Zum Menschen gehört die Hoffnung.‹ Ein schöner Satz. Ich weiß nicht, wer ihn gesagt hat. Ich erinnerte mich an ihn, als ich auf meiner Lese-Einladung das Bild eines Musikers betrachtete, der meine Lesung begleiten sollte. Er trug eine Brille mit Lamellen, stützte einen Arm in die Hüfte und hielt den Zeigefinger in die Richtung des Betrachters. Das Bild vermittelte den Eindruck, er verweigere hartnäckig jede Annäherung und jede Auskunft zu seiner Person. Ich kannte ihn. Ein netter Junge aus der Nachbarschaft. Er hat mir erzählt, es sei sein größter Wunsch einmal Gitarrist zu werden. Jetzt hatte er sogar einen Manager, erschien auf Plakaten und zeigte sich auf Litfaßsäulen in einer ›Leck-mich-am-Arsch-Pose‹. Ich musste lachen. Aber ich freute mich, diesem Jungen zu begegnen, der seinen Traum verwirklicht hatte.

Madame Esquiero beschäftigte die Heiminsassen, wie noch nie ein Neuzugang. Es gab Mutmaßungen, Tuscheleien und Beurteilungen. Kaum hatte sich Dolly im Heim eingerichtet, erschien sie in ihrer Flamingo-Robe im Speisesaal, rauschte am verblüfften Personal vorbei und trappelte dann mit den Blockabsätzen vor Eleni Fontis Tisch im Takt ihrer klappernden Kastagnetten.

Der Stock pendelte an ihrem erhobenen Arm. Sie warf ihren Kopf in den Nacken, zog eine Kamelie aus dem Haar, steckte diese Eleni graziös zwischen die Lippen und zeigte ihm ihr schönstes Lachen. Sie wurde sofort zur aufregendsten Figur im Heim. Ein nutzloser Vorzug für den Wartesaal des Todes, fand mein Mann.

Von nun an geisterte Dolly in einer fremdländischen Kostümierung mit ihrem Stock durch alle Flügel des Hauses und über die Kieswege des französischen Parks. Auf die Senioren wirkte sie abseitig und fremd. Sie zog alle Blicke auf sich. Zu allem Überdruss versetzte sie die alten Leute mit den Selfies von ihren Spagaten und Luftsprüngen in Staunen.

Einige beteten sie an. Andere regten sich maßlos über sie auf.

Für den großen Tänzer war die Zeit der Nickerchen im Aufenthaltsraum vorbei. Er saß neben Dolly auf dem Sofa mit der Kamelie zwischen den Lippen und konnte seine Augen nicht von ihr lassen.

Nach wenigen Wochen stöckelte die unverschämte Madame im Seidennégligé und in flaumverzierten Pantöffelchen durch alle Flügel, alle Zimmer, in die Putzkammern hinein, hinaus, durch Küchen und Gänge und lernte die geschriebene und ungeschriebene Hausordnung kennen. Bald wusste sie, an welchen verrammelten Türen sie rütteln konnte und wohin die verbotenen Durchgänge führten. Sie kannte sich dort ebenso gut aus, wie auf den gefährlichen, von Spalten durchzogenen Gletschern der Schweiz.

Ich habe jede Leser-Reaktion schon erlebt. Es ist mir nie gleichgültig, wenn mein Text verstört. Oder wenn er die Hoffnung auf ein irgendwie beherrschbares, irgendwie gestaltbares Leben vernichtet. Ich weiß, dass jenen Büchern mehr Gewicht beigemessen wird, die mit der eigenen Erfahrung übereinstimmen, als jene, die uns fremd bleiben.

Es gibt Abertausende von Büchern und ich habe als Leserin die Wahl. Will ich mich ins Paradies begeben? Will ich den Blick auf menschliche Unzulänglichkeiten aushalten? Ich entscheide, welches Buch ich auf- und welches ich zuschlage.

Ich geriet einmal an eine Zuhörerin, die wutentbrannt ihre Tirade vor versammeltem Publikum über mich schüttete. Ihr hatte es nicht gefallen, dass meine Figur zurückhaltend auf die Beleidigung eines Machos reagierte. Die in ihrer Frauenehre gekränkte Zuhörerin drängte zum Lesetisch und ließ geifernd keinen guten Faden an mir, da ich diese Schmähung nicht nur zugelassen, sondern so plastisch geschildert hatte, dass ihr beim Lesen schlecht geworden sei.

Ich war starr vor Schrecken. Aber bedeutete ihre Reaktion denn nicht, dass diese Geschichte Qualität hatte? Die Schilderung war derart glaubwürdig, dass die Frau von ihr in den Bann gezogen wurde. ›Sie geriet außer sich‹. Und vergaß sogar, dass sie an einem Lesetisch den Kampf gegen die Machos dieser Welt aufnahm.

Ich versuche solche Ausbrüche einzuordnen. Der Wunsch nach einem Leben, das man – wie auch immer – in den Griff bekommt, ist verständlich. Aber wir sind Menschen. Unsere Beziehungen sind kompliziert. Und wir sind wankelmütig. Es gibt keine einfachen Lösungen. Nur im Märchen gelingt es dem Helden, sieben Schwierigkeiten zu bestehen. Im Leben wartet hinter der siebten Schwierigkeit eine nächste, die es zu bestehen gilt.

Klarsicht ist zumutbar. Wir existieren in den Augenblicken, die wir gesehen, bedacht und begriffen haben.

Unzählige geliebte Menschen, Freunde und Bekannte sind während meiner Lebenszeit gestorben. Ich schmökere gern in deren Büchern.

Menschen, die eben noch ideenreich, spritzig, anrührend, wütend, traurig und hoffnungsvoll waren, haben den Figuren einmal ihren Geist eingehaucht. Es will mir aber nie gelingen, die Texte mit Toten in Verbindung zu bringen. Ich lese voll Rührung die Gedichte von ›Lutzli‹ Maria Lutz-Gantenbein, mit der mich ein so herzliches Verhältnis verband, dass ihre Tochter mir die feuerroten Pendelohrringe der Verstorbenen übergab.

Einige Erinnerungen in meinem Notizbuch muten mich heute merkwürdig, beinah unglaubwürdig an. Vor mir liegt das Buch von Katharina von Arx ›Weltreise per Anhalter‹ und erinnert mich an unsere Busfahrt nach einer Versammlung und an meine Besuche in Romainmôtier. Wir waren einander verbunden, aber grundverschieden. Ich sparte, denn ich glaubte an Tage, für die ich gerüstet sein müsse. Sie glaubte nur an ein Heute.

»Und danach?«

»Alles findet sich.«

Mit ihrer Unbekümmertheit zog sie alle in ihren Sog. Ihre Besucher gingen in ihrem Meer unter. Sie vergaßen, wer sie waren. Es gab kein Du und kein Ich. Katharina dirigierte leise und lachend den Ablauf unserer Treffen. Mit einem Schalk im Gesicht regte sie an:

»Wir sticken alle an einem großen Wandbehang für Romainmôtier, schwatzen und lachen und schmausen dazu.«

Sie hatte eine Vorstellung von Gemeinschaft und Wohligkeit, passend zum Lebensgefühl der 68er. Mich hat dies mehr erschreckt als angezogen. Ich fürchtete, nach diesen gemütlichen Stunden nur mehr vor mich hinzulächeln und keine eigene Persönlichkeit mehr zu haben, sondern mit den Stickstichen auf dem Wandbehang im Saal von Romainmôtier zu verschmelzen.

Seit vielen Jahren besuche ich keine Buchmesse mehr. Ich verliere mich auf Messen. Blättere hier in einem Buch, dort in einem Verlagsprogramm, informiere mich übers Design einer

Buchreihe und sehe eine Weile dem Signieren einer Persönlichkeit zu.

Nach dem Rundgang bin ich hundemüde und möchte nur noch nach Hause. Was die Buchmessen aufzeigen, ist die wachsende oder schrumpfende Bedeutung des Buchs. Ich entnehme diese den Studien, die nach jeder Messe veröffentlicht werden. Wie es heißt, nimmt gegenwärtig das gebundene, also klassische Buch zwar noch einen hohen Rang ein, doch das Lesen verlagere sich weiterhin immer mehr auf andere Medien. Immer weniger Menschen würden in ihrer Freizeit ein Buch zu Ende lesen. Nach einigen Seiten oder Kapiteln nehmen sie ein neues Buch zur Hand. Dies bedeutet, dass es sich für viele Leser nicht einmal lohnt, wegen eines Buchs die Bibliothek aufzusuchen und sich dort für ein bestimmtes Werk vormerken zu lassen. In finanzieller Hinsicht sei eine Hausbibliothek kein lukratives Investment.

Manchmal überkam Dolly die Lust nachts durch den Park des Heims zu spazieren. Sie traf sich dort mit Eleni Fonti und warf ihm ihren Schal von hinten um den Hals wie einen Anker. Die andern Heimbewohner hingen über die Brüstung ihres Fensters und beobachteten die wirbelnden Schatten zwischen den buchsgesäumten Blumenbeeten, Bänken und Wasserspielen.

Eleni haschte nach Dolly. Manchmal erwischte er nur den Zipfel ihres Kleids. Manchmal stiegen ihre spitzen Schreie aus den Hecken zum Heim. An den offen Fenstern wurde mit Pantoffeln auf die Fensterbank geklopft, damit das unverschämte Treiben aufhöre. Das Personal musste den Aufruhr, den die Neue verursachte, still ertragen. Madame konnte bockig und eigensinnig sein. Sie ließ sich keinen Spaziergang verbieten, keinen Kontrollgang durch die Küche, wo sie die Deckel von den Pfannen hob, die Düfte der köchelnden Speise sondierte und nachwürzte, wenn es ihr nötig schien. Dem Küchenchef drohte sie mit dem erhobenen Stock, wenn er nur den Mund aufmachte. Sie ließ sich auch mit keinen Tabletten dämpfen, sondern erklärte allen, die es hören wollten, dass es auch alten Menschen zustehe, sich ein Stück Himmel zu sichern und Liebesseufzer wie Luftballons ins Blaue steigen zu lassen.

Ein lohnendes Lese-Erlebnis erwartet mich jeden Herbst bei einem privaten Freund im französischen Jura. Er lädt alle seine Verwandte und Bekannte und Leute aus dem Ort zur Begegnung mit meinen Büchern ein. Das alte Gutshaus wird dann von Menschen aus den verschiedensten Schichten überschwemmt. Alle bringen gute Laune mit. Die Lesung findet im gemütlich ausgepolsterten und zum Begegnungsort hergerichteten Stall statt. Danach wird gemeinsam gekocht und gegessen. Die Stimmung ist immer fröhlich und ausgelassen. Da die meisten Gäste im Ort übernachteten, kann die Feier am nächsten Tag weitergehen.

Inzwischen trägt dieser Lesezyklus den Namen: Literaturtage Buffard. Da man sich ein jedes Jahr einem anderen meiner Bücher widmet, kann dieser Zyklus bei etwas Glück, bis zu meinem hundertsten Geburtstag stattfinden.

Mein neunzehntes Buch erschien unter dem Titel DIE VIELGELIEBTE MEINES MANNES. Der Roman handelt von einem verhängnisvollen Mädchenschwarm. Natürlich habe ich dabei an das Mädchen Ypsilon gedacht. In gewissem Sinn war auch dieser Roman historisch. Er spiegelte den Zeitgeist der Sechziger-Jahre. Da hat sich eine junge Frau noch sehr auf den Partner gestützt, an dessen Karriere geglaubt und die eigenen Fähigkeiten zu seinen Gunsten zurückgestellt.

Der Stoff faszinierte mich. Beim Zurechtlegen der Geschichte fiel es mir leicht, in jenen Zeitgeist einzutauchen. Eine Erinnerung an meine Jugend rief die andere. Gerüche, Klänge, Farben und Düfte kehrten zurück.

Jedes Buch ist eine Forschungsreise ins eigene Innere. Aber bei diesem Roman bin ich in den verborgensten Winkel gedrungen. Mir wurde dabei klar, wie tief Verletzungen gehen können und wie nachhaltig sie prägen. Inzwischen hielt ich mich für alt genug, um Himmel und Hölle einer Liebe zu begreifen und ein Buch darüber zu schreiben. Ich weiß auch, dass sie erlöschen kann wie eine Kerze. Liebende sind einander ein Rätsel und manchmal ist jedes dem anderen ein schwarzes Loch.

Das im Roman dargestellte Mädchen Kitty kann nicht glauben, dass Gefühle sich ändern. Es will seine Zukunft mit der Waffe erzwingen. Die Gegenfigur Rosy hingegen ahnt, dass sich nichts erzwingen lässt, am wenigsten die Liebe. Sie versenkt ihren Kummer im See. Zurück bleibt eine blanke Oberfläche und die Erzählfigur Rosy nutzt diese Fläche für Neues.

Obwohl es sich um eine Tragödie handelt, wollte ich aus dem dramatischen Stoff etwas Leichtes und Farbenfrohes schaffen. Dies entspricht meiner inneren Haltung. Ich neige zum Positiven. Zum Vorwärtsstürmen. Genau wie Dolly, die immer wieder ihren Rucksack schnürte, um einen Gipfel in Angriff zu nehmen. Als sie dies nicht mehr konnte, glitt sie Flamenco tanzend um Eleni Fonti. Für sie bedeutete es ein Neubeginn.

Ich wurde um Stellung gebeten zur Szene in meinem Roman, in der eine Dreizehnjährige mit dem Revolver auf eine Ehegattin zielt. Es liege doch an der Schriftstellerin, ihre Figur stolpern zu lassen und zu entwaffnen. Ich habe ausweichend geantwortet. Es ist ein Roman. Es ist nicht die Wahrheit.

Die Figur Rosy ist die Ich-Erzählerin der Geschichte. Man sehe in Rosy die Autorin.

Die Leser stocherten weiter.

»Wie kommt eine Schriftstellerin dazu, sich erschießen zu lassen? Da sie die Handlung von A bis Z inspiriert? Da sie an ihrem Schreibtisch sicher vor jeder Unwägbarkeit des Lebens ist?«

Die Leser grübelten über Wahrheit und Unwahrheit. Wie könne eine Schreibende Anteilnahme an einem Schicksal erwarten, das vielleicht nur erfunden ist? Vielleicht nur dem spielerischen Umgang mit einem Talent zu verdanken ist? Sie setzt ihre Figuren aufs Ringelspiel, dreht sie dann durch ihre atemberaubende Existenz und genießt es. An der Leichtigkeit der dargestellten Szenen sei eine Freude am Formulieren zu erkennen. Die Autorin baut minutiös ihre Kulisse und gestaltet die Geschichte so sinnenhaft, dass die Leser glauben, es sei alles wahr.

Was konnte ich auf diese Spitzfindigkeiten entgegnen?

Zugegeben: Ich langweile mich leicht. Wenn ein Text mich nicht immer wieder an die Decke springen lässt, kann ich keinen einzigen Tag mit ihm verbringen und drücke auf die Delete-Taste.

Eleni Fonti war wieder ein großer Tänzer.

Einige Heim-Insassen verurteilten das Benehmen von

Madame Esquiero. Für andere war sie ein Vorbild. Diese kleideten sich so farbenfroh wie nie zuvor, behängten sich mit Schmuck und schlenkerten winzige Petit-Point-Taschen am Arm. Eleni Fonti holte die Damen am Eingang des Aufenthaltsraums ab, küsste ihnen die Hand. Und dann tanzten die Damen mit schwingenden Armen und schlenkernder Abendtasche zu ihrem Sessel.

Im Heim hatte sich um Dolly ein Tross von Anhängern gebildet. Darunter waren vor allem jene, die sich an Erniedrigungen und Beleidigungen durchs Personal erinnerten. Das Treiben des merkwürdigen Paars versprach ihnen Unterschlupf in einer Falte der Schöpfung.

Man könne dies als ›Bewegung‹ betrachten, fand die Leitung. Der Trupp treffe sich täglich vor dem Heim. Madame nehme alle unter ihren riesigen, mit Federn und Blumen geschmückten Tüllhut und dann wandeln sie gemeinsam durch den Park.

»Was will denn Dolly? Im Altersheim einen neuen Wind wehen lassen«, antwortete ich der Leitung.

»Solange ein Mensch sich zu einer Unternehmung aufrafft, ist er als Person vorhanden«.

DIE ERFINDUNGEN DES LEBENS

Nach der Vernissage dieses Romans brach in Oberitalien eine ansteckende Krankheit aus. Sie bekam den Namen Covid 19. Im Winter 2020 hatte dieses Virus in China gewütet. Hier beobachtete man das Ansteigen der Todeszahl noch mit Gelassenheit. Es gab in den letzten Jahrzehnten mehr als eine ansteckende Krankheit, die rasch erstickt werden konnte. Doch gegen Covid 19 schien es kein Mittel zu geben. Im Fernsehen sah man mit wachsender Unruhe überfordertes Krankenhauspersonal und aufgestapelte Särge.

Der Schweizerische Bundesrat sprach von einer Pandemie. Sie verbreitete sich rasend schnell in Europa, Asien, Amerika. Die Regierungen schlossen die Grenzen, danach die Geschäfte, Theater, Restaurants, Gemeindehäuser und Schulen. Die Straßen waren leergefegt. In Innenstädten, wo sonst Getümmel herrschte, war nun Leere. Der Wohnort war wie ausgestorben. Ich bannte dieses ungewohnte Bild aufs Handy. Dolly Esquiero war eingeschlossen im Heim. Dort gehörten alle Bewohner zur gefährdeten Gruppe. Sie wütete im Facebook und ihr Account schwoll von Neuem an.

Alle Kunstschaffenden, die gerade ein neues Programm oder Buch oder Konzert zu präsentieren hatten, wurden nun mit den Absagen all ihrer Auftritte konfrontiert.

Nichts war mehr wie zuvor. Der gewohnte Tagesablauf war gestört. Freizeit, Rituale und Tradition: Alles fiel aus dem Raster. Wer konnte, arbeitete nun zu Hause. Eisenbahnzüge verkehrten mit leeren Waggons. Der Straßen- und Schiffsverkehr kam zum Erliegen. Wir mussten uns der Realität anpassen. Einschränken, Kräfte mobilisieren, umdenken, umlernen, umplanen und Wagnisse eingehen. Wir mussten zu Pionieren werden.

Enttäuscht war ich nicht über die Stille. Eher verwundert. So, als hätte ich durchs Rohr meiner Hände in die Berge gerufen und vermisse nun das Echo, das von den Steinhängen zu mir zurückkehren sollte.Für mich kam diese Krankheit nicht überraschend. Mein Großvater hatte mich vor sechzig Jahren davor gewarnt und mein Vater hatte diese Prophezeiung vor dreißig Jahren wiederholt. Ich gebe zu, dass ich so gut wie nie daran dachte. Sie starben. Mit ihnen starb auch diese Vision. Die Wissenschaft war inzwischen weit fortgeschritten. Sie hatte alles im Griff. Und ich lebte, als könne nichts passieren.

Meine hellseherischen Vorfahren vermochten ihr Gespür nie zu erklären. Zumindest nicht so, dass es mir eingeleuchtet hätte. Sie behaupteten, sie hören Stimmen, sehen Bilder, würden von Verstorbenen besucht. Warum sie gewisse Ereignisse voraussahen, andere aber nicht, war auch ihnen nicht klar. Sie mutmaßten aber, dass es auch auf ihr Gegenüber ankäme. Dieses müsse sich öffnen.

Es kam vor, dass Leute meinen Vater foppten und auf die Probe stellen wollten. Diese Leute unterschätzten ihn. Er schaute in ihre Augen und wusste Bescheid.

Ich nahm ihn als den ehrlichsten aller Menschen wahr. Natürlich dachte ich über seine hellseherische Begabung nach.

Nahm er im Unterbewusstsein vielleicht Informationen aus einer Dimension auf, in welcher Vergangenheit, Gegenwart und Zukunft zusammenfallen? Gab es ein Wissen, das Raum und Zeit aufheben kann?

Hatte er die Intuition eines Dichters?

Ich fand keine Antwort auf meine Fragen.

Wenn ich auf meine Auslegeordnung blicke, empfinde ich jeden Lebensabschnitt vom andern getrennt. Am meisten überrascht mich die Fülle. Sie erschlägt mich sogar, denn es ist nur ein Bruchteil des Ganzen.

Viele Ereignisse haben keinen deutlichen Anfang, keinen Höhepunkt und kein klares Ende. Manche sind sie mir so fremd, dass ich glaube, sie wären Lichtjahre entfernt. Manche sind so lebendig, als hätten sie sich eben gerade abgespielt. Einige erregen mich noch immer. Im Geist sammle ich Patronen, um sie quer aus der Hüfte zu schießen. Ganz so wie einer meiner Verleger behauptete, dass ich es mit Büchern mache.

Die Zeit mit Dolly war großartig. Sie mochte ihre Gründe gehabt haben, um das Bild ihrer früheren Schulkameradin Ypsilon aufzubewahren. Beide verband ein Deutschkurs mit dem Lehrer, der mich als Wolf im Schafspelz bedroht hat. Dieser wiederum verirrte sich in der Welt der literarischen Liebespaare. Er fixierte seinen Wahn auf die nächstbeste Schriftstellerin. Ich war in seiner Nähe. All diese Erklärungen sind unwichtig geworden.

Man muss Ungereimtheiten, Tiefpunkte, Rückschläge und Enttäuschungen hinnehmen. In Wahrheit hat man keine Wahl. Wir haben ein Schicksal und schulden der einen einzigen Lebensgeschichte den Tod.

Für mich änderte die Pandemie wenig an meinem Tag. Dieser spielte sich schon immer am häuslichen Schreibtisch ab. Wochenlang traf ich mich mit niemandem. Isolation war etwas Vertrautes. Eine Situation meiner Wahl. Ich schrieb E-Mails, telefonierte. Zudem war mein Mann da und versorgte uns mit Lebensmitteln.

Wir gehörten zur Risikogruppe. Meine Generation war für Vorwärtsstürmende ein Klotz am Bein. Wir bremsten ihre Zukunft. Mit Schrecken mussten dies die Leute meiner Altersgruppe feststellen. Wir haben die Triage in umliegenden Ländern mitverfolgt. Alte und schwer Erkrankte wurden zugunsten der hoffnungsvolleren Fälle aussortiert. Es ging wie am Fließband. Die Bilder des Schreckens flimmerten durchs Wohnzimmer: Kolonnen von Ambulanzfahrzeugen, hochgestapelte Särge in Containern, Verwandte, die Sauerstoffflaschen für ihre sterbenden Angehörigen zu ergattern versuchten, erschöpfte Helfer, verzweifelte Hinterbliebene.

Ich verzichtete auf Besuche im Heim. Schon vorher machte ich nur wenige Besuche, denn Dolly war meistens unterwegs. Sie verschwand in irgendeinem Winkel des vielflügeligen Hauses. Ich wollte niemandem zumuten, sie zu suchen. Während der Pandemie waren die Insassen vollkommen auf sich zurückgeworfen. Die Sanduhr rieselte im Heim noch unspektakulärer vor sich hin. Dolly tat mir leid. Wie viel passierte denn dort an einem Tag, das es wert war, in der Erinnerung aufgehoben zu werden?

Meinen Mann und mich entzückten die von Covid leer gefegten Straßen. Wir sahen den Zauber unseres Orts. Die Blumenkästen vor den Fenstern, Sonnenfelder auf den Gassen. Wir hatten sogar den Eindruck, diese Dinge nie zuvor gesehen zu haben. Die Pandemie öffnete uns die Augen. Auslagen in den Schaufenstern waren mit einem Nummernschild bezeichnet. Dies war neu und bedeutete, dass die einzelnen Präsentationen im Internet bestellt werden konnten. Die Geschäfte waren geschlossen.

Überall fanden wir Zeichen neu entwickelter Ideen. Die Bewohner erwachten aus der Lähmung und entwickelten Projekte, um finanziell über die Runde zu kommen. Ich las, dass Anpassung die wichtigere Eigenschaft zum Überleben sei als Intelligenz und Kraft.

Der langsamere Rhythmus ermöglichte es, an sich selbst zu denken. Wir lasen, räumten Schränke und holten alte Puzzles hervor. Die Vögel bauten Nester, wie eh und je. Wir saßen öfter mit einem Orangensaft zusammen, um zu plaudern. Natürlich über das Virus. Über Home-Office, Lernen auf Distanz und Home-Lieferung.

Man war der Meinung, insgesamt habe unsere Behörde diese Krise rasch und gut bewältigt. Besorgte Nachbarn und Verwandte meldeten sich und boten Hilfe beim Einkaufen an. Dies war eine neue und angenehme Erfahrung.

Die BPW-Frauen meines Klubs hatten schon immer viel vom Netzwerk geredet. Wie wichtig dieses für Frauen mit Bildungshunger und Ehrgeiz sei. Und wie viele Vorteile es jenen biete, die sich im engen Kreis der Familie bewegen, aber beruflich weiterkommen möchten. Sie wollten Unabhängigkeit des Denkens erreichen. Veränderung beginnt im Kopf, fanden sie. Sie wussten, dass ständiges Lernen vor Demenz bewahrt. Mein Mann und ich lernten Dokumente rechtsgültig übers Internet zu signieren und einparken mit der App. Doch Aufhören zu lernen, heisst Anfangen zu sterben.

Die Pandemie beschäftigte alle. Doch der Alltag verlangte, dass wir unsere Aufgaben lösten. Die Treffs konnten nicht mehr im Klublokal stattfinden. Vorträge wurden abgesagt und es musste eine andere Möglichkeit der Kommunikation gefunden werden. Homeoffice war das Modewort.

Es war schwierig, allen Anforderungen gerecht zu werden. Eltern mussten sich um die Bildung und Freizeit der Kinder kümmern. Jugendliche hatten einen Weg zu finden, um ihr Studium bei geschlossenen Universitäten und Bibliotheken fortzusetzen. Schon die Benutzung eines öffentlichen Verkehrsmittels oder der Kontakt mit dem Handgriff eines Einkaufwagens bedeutete eine Gefahr.

Nach einigen Absagen von Treffs begannen die Klubmitglieder mit dem Aufbau eines neuen Wegs der Kommunikation. Nur wenige kannten sich in digitalen Fragen gut aus. Sie hätten sich der Technik verschließen können. Aber das wollten sie nicht. Sie hatten einander immer Mut gemacht, nun wollten sie nicht klein beigeben. Dies hätte der Ehre des Klubs widersprochen. Und so stachelte ein Mitglied das andere an.

Am Tag X schalteten alle zur Stunde Y den Computer ein, lösten den verlangten Code aus und dann starrten wir einander überrascht ins Bildschirm-Gesicht. Nachdem wir diese Hürde überwunden hatten, unterhielten wir uns nach gewohnter Art und Weise miteinander über Zoom.

Der neue Artikel 734f OR trat auf den 1. Januar 2021 in Kraft. Große börsenkotierte Unternehmen mit Sitz in der Schweiz sollten in Zukunft mehr Kaderstellen mit Frauen besetzen.

Damit war ein wichtiger Meilenstein zur Gleichberechtigung von Frauen und Männern erreicht.

Mir lag immer viel daran, die Möglichkeiten zu nutzen, die zur Erleichterung der Arbeit gegeben sind. Die digitale Entwicklung ist ein Vorteil, den ich mir nicht entgehen ließ. Wie würden wir diese Pandemie durchstehen, ohne Handy, ohne Internet und die Kanäle von Social Media? Es wäre eine weltweite Katastrophe. So zauderte ich keinen Moment, als mir die Möglichkeit geboten wurde, mich über Zoom in eine Förderschule für schreibbegabte Kinder einzuklinken. Ich konnte ihnen meine persönliche Schreibtheorie etwas erläutern, damit sie ihrer Aufgabe leichter gerecht wurden. Nach diesem Bildschirm-Gespräch stürzten sich die Schüler auf ihren Text. Sie konnten nicht mehr aufhören mit Schreiben. Die Lehrerin übermittelte mir die Bitte, dass ich die Schüler nach der Zeit der Pandemie persönlich im Klassenzimmer besuche. Sie wollten mich kennenlernen. Von Angesicht zu Angesicht.

Manchmal fällt einem ein Geschenk in den Schoss. Ein solches Geschenk war für mich der Satz meines langjährigen Literaturfreunds Heinrich Boxler:

»Ich staune, wie aus der kleinen, tapferen Person eine große Schriftstellerin geworden ist.«

Er wunderte sich über meine Vitalität. Woher nahm ich sie? Ich konnte doch jetzt die Hände falten und still dasitzen. Aber nein, ich setzte mich tagtäglich an den Bildschirm, zoomte mich in eine Diskussion, schrieb und lieferte mich der Kritik aus.

Eigentlich setzte ich mir mein ganzes Leben lang die Welt auf den kleinen Finger und schubste sie an, damit sie sich drehte. Genauso wie ich mir dies erträumte.

Warum? Aus Neugier? Weil ich die geborene Entdeckerin bin? Weil in mir ein Feuer brennt? Weil ich mich ohne meine

Arbeit langweile? Oder ganz einfach: Weil ich mich nicht vor der Zeit vom Leben verabschieden will?

Ich schrieb einmal: Ein Mensch sollte sich in die Sterne schreiben. Es ist mein Credo. Und stimmt für mich. Das Leben ist viel zu kurz, viel zu einmalig, um es zu verschwenden.

UNAUFHALTSAME WORTFLUT

Es gab nun die Zeit vor und die Zeit nach der Pandemie.

Es gab diesen Bruch in der Geschichte. Wann wird von einer Epoche gesprochen? Wann löst eine die andere ab?

Jedes Jahrzehnt oder Jahrhundert hält ein anderes Angebot an Ereignissen bereit. Es gibt andere Zwänge, andere Ideen, andere Vorstellungen von einem guten oder schlechten Leben.

Würde ich über die Tage der Pandemie schreiben, müsste ich miteinbeziehen, welche Bedeutung der Mangel an Wissen über diese Krankheit im Frühjahr 2020 für uns hatte. Wir waren überfordert und ratlos. Es fehlte an Erfahrung, wirkungsvollen Impfstoffen, medizinischen Geräten und gelerntem Pflegepersonal. Die Pandemie traf uns, als wir gerade dabei waren, den Nutzen der Natur und den Einfluss des Klimas auf unsere Erde zu begreifen.

Ohne diese Informationen könnte ein späterer Leser die Konfusion dieser Tage nicht ermessen.

Man dachte öffentlich darüber nach, was nach der Pandemie geschehen würde. Gibt es einen Aufbruch zur Neugestaltung? Oder im Gegenteil, beherrschen wir die Welt in der bisherigen Art und Weise? Gibt es überhaupt ein Ende der Pandemie? Der Mensch ist intelligent. Doch das Virus ist es auch.

Es kann auf eine Weise mutieren, die es unbesiegbar macht und die Menschheit fortrafft, ehe diese das Wunder-Gegenmittel entdeckt. Ist dies der Probelauf der Schöpfung zur Regeneration?

Viele Fragen. Viele Antworten.

Eine Pandemie macht klar, wie fragil und verletzlich alles ist. Natürlich sind wir nicht die Krone der Schöpfung! Die Welt existiert auch ohne uns. Sie wird sich vom Menschen erholen.

Schon regten sich verärgerte Stimmen, die von einer Grippewelle redeten, von denen es schon viele gab. Was soll also dieses Geschwätz!

»Lasst uns feiern.«

Aus dem Heim kamen schlechte Nachrichten dort war die Pandemie ausgebrochen. Sie erfasste mehrere Insassen. Vor allem auch das Personal. Ich versuchte Dolly anzurufen. Doch das Telefon war immer besetzt. So fuhr ich mit dem Flitzer zum Heim. Rot-weiße Plastikbänder versperrten mir den Zugang zum Parkplatz. Das Tor war geschlossen. Eine Information klebte daran.

»Wegen Corona geschlossen.«

Die Besucher wurden um Verständnis gebeten. Sie sollten eine bestimmte Telefonnummer anrufen. Als ich diese endlich erreichen konnte, wurde mir gesagt, dass meine Freundin unter den Erkrankten sei. Der Tänzer Eleni Fonti war gestorben. Dolly aber wurde gepflegt. Für sie bestand noch Hoffnung. Besuche seien nicht erlaubt.

Ich war untröstlich. Ich konnte mir keine kranke Dolly vorstellen. Selbst nach ihrem Unfall trällerte sie am Telefon ein Lied und lachte meine Bestürzung weg. Nun gab es keinen telefonischen Kontakt mehr. Meine Freundin war dem Personal überlassen, das sich seit Monaten über sie geärgert hatte. Sie musste ihre Kostüme im Zimmer zurücklassen und die Kochtöpfe konnte sie nicht mehr überwachen. Das Essen wurde ihr gebracht und Bissen um Bissen verfüttert. Sie die niemals nur eine Kopfwehtablette nahm, musste jetzt morgens und abends eine Handvoll Pillen schlucken.

Beim Waschen nahm niemand Rücksicht auf ihre verlängerten Wimpern oder ihre Kunstnägel aus purem Gold. Sie wurde vom Bett in den Rollstuhl verfrachtet und von da wieder ins Bett.

Am fünften Tag drangen von Dolly Esquiero keine Facebook-Nachrichten mehr an die Öffentlichkeit. Sie musste abgesondert und mit Sauerstoff versorgt werden. Am zehnten Tag erhielt ich vom Heim die Mitteilung von Madame Esquieros Tod. Man sprach mir das Bedauern aus. Sie sei in der Nacht gestorben. Allein wie ich vermutete.

Es gab keine Angehörigen.

Es lag an mir, den Ferrari und ihre Bekannten zu verständigen, die sie noch besucht hatten. Ich setzte die Anzeige in die Regionalzeitung. Und besorgte Blumen, tat, was zu tun war. Doch ich war fassungslos. Vier Jahrzehnte war Dolly meine wirblige Freundin. Einige Monate lang hatte sie das Heim mit ihrem quirligen Wesen mit Aufregungen erfrischt. Ihr Tross war untröstlich. Madame war die bezaubernde, rebellische Herrin ihrer letzten Tage.

Man erlaubte mir von Ferne einen Blick auf die Tote. Ihre Sonnenbräune war nun eine Art fleckiges, rissiges Wachs. Ein Rosenkranz umschlang ihre verkrampften Finger, dessen ovale Perlen an Kinderzähne erinnerten.

Ich schluchzte auf.

Ich glaubte, ich würde kühler reagieren. Es sind viele gestorben. Ich verlor sie, während ich mich durch Romanwelten schrieb. Bei jedem Todesfall eines geliebten Menschen versuche ich zu fassen, dass von all seinen Höhenflügen, Fähigkeiten, Verzauberungen, Träumen, Kümmernissen und Aufwallungen nichts mehr bleibt. Nur meine Erinnerung an die liebenswerten Züge eines fortgewehten, einzigartigen und unersetzlichen Menschen.

Ich musste feststellen, dass mich weder das Alter noch das Sterben rundum abgehärtet hatte. Schreibend spielte ich mehrere Schicksalsvarianten durch. Nichts von alledem hat mich gestählt. Ich wurde weder robuster noch unempfindlicher. Das Leben erfindet seine eigenen Varianten. Und seine Kantenschläge sind hart.

Mein Mann war mir in schwierigen Zeiten immer eine Stütze. Er sorgte für die Feuerbestattung und mein Freund Fred Föhn hielt die Abdankungsrede. Er wies auf eine Viertausendjährige Inschrift von einem ägyptischen Schreiber:

›Ein Mensch ist vergangen. Alle seine Angehörigen sind zu Staub zerfallen. Es ist allein die Schrift, welche die Erinnerung an ihn zu erhalten vermag.‹ Nach einem Blick zu mir, kam er dann auf Dolly Esquiero zu sprechen, die durchs Leben stürmte, Gipfel bezwang und auf dem winzigen Plateau rundum trampelte, damit die Welt um sie kreiste.

Zukunft ist ein Zauberwort. In meinem Alter reizt dieses Wort zum Lachen. Da ist die Schatztruhe der Erlebnisse voll. Man überstand einige Lieben und einige Sorgen. Hat Freunde und Feinde überlebt. Die Welt verändert sich. Und wir uns mit ihr. Dass ich noch denken und formulieren kann, ist ein Geschenk. Ich bin überzeugt, dass die Arbeit mich vital und fit erhält. Das Schreiben fordert mich jeden Tag aufs Neue heraus, denn es verlangt:

dass ich vorwärts schaue und neue Projekte in Angriff nehme

dass ich um mich schaue und mit offenen Augen durch den Tag gehe

aber auch, dass ich rückwärts schaue und in Erinnerungen wühle. Ich brauchte ein Ziel, um mich entfalten zu können. Und den festen Glauben, dass ich mein Ziel erreiche.

Meinen Traum vom Schreiben zu realisieren bedeutete, einen sehr langen und sehr schwierigen Weg allein zu unternehmen. Doch ich würde diesen Weg immer wieder gehen. Ich schulde ihm mein Glück.

Hat die Zeit mich verändert? Habe ich die Zeit verändert. Diese Fragen sind nicht mit einem einfachen Ja oder Nein zu beantworten. Ich habe vieles falsch und einiges richtig gemacht.

Ich hatte immer eine Idealvorstellung. Zum Beispiel wollte ich ein wertvoller Mensch sein, andere ermutigen, dass sie ihre Träume verwirklichen. Gute Literatur machen und ganz darin aufgehen. Daneben wollte ich jemand sein, der mit offenen Augen durchs Leben geht. Aber im Lauf der Jahrzehnte schrumpfte die Idealvorstellung von meinem Wert oder von der Bedeutung meines Werks. Ich habe begriffen, dass mein Aufleuchten in der Schöpfung bedeutungslos ist. Aber ich lebe: Das ist grandios. Ich zähle zum unermesslichen ›Großen Ganzen‹.

Die Zeit vergeht, man weiß nicht wie, schreckt auf und entdeckt das Beil über dem Kopf. Dieses Bild fährt uns in die Knochen. Was wir angehäuft haben, zerrieselt. Unser Name, unser Verdienst, unsere Mühen, Asche im Wind. Nur die Literatur erzählt von uns. Holt ein paar Momente aus der Dunkelheit und lässt sie aufleuchten.

Und zum Achtzigsten konnte ich sagen: Das Aufblinken meines Staubkorns im All ist nicht Nichts gewesen.

Mein Enthusiasmus ist ungebrochen. Ich bete die Schönheit an, die mich umgibt. Ich gehe vor dieser Pracht in die Knie. Wie andere vor mir und andere nach mir.

Wie geht es weiter mit dieser unaufhaltsamen Wortflut, diesen unaufhaltsamen Zeichen des Lebens? Es gibt kein Ende. Nicht einmal der Tod ist ein Ende. Man schließt an irgendeinem Punkt die Augen, schwindlig vor Fülle. Es könnte endlos weiter geschaut, gedacht und vor sich hingesprochen werden. Aber es muss abgebrochen werden. Irgendwann. Mittendrin.

Ich fand unter den Sachen von Dolly einen Zettel. Das Personal hatte ihn in ihr Zimmer gelegt. Er enthielt eine Mahnung für die unverblümte Madame Esquiero.

»Eine Zeit zum Lieben. Eine Zeit zum Trauern. Eine Zeit zum Warten auf den Tod.«

Ich stelle mir allen Ernstes die Frage, ob ich nach dem Tod meines Mannes in ein Heim übersiedeln möchte. Ob ich dort Dollys Platz einnehmen möchte?

Angenommen ich habe meine Auslegeordnung schriftlich in Reih und Glied gebracht und müsste eigentlich nur noch einen Punkt unter meine Wortflut setzen. Angenommen im Aufenthaltsraum des Heims böte mir ein freundlicher Herr den Platz neben sich auf dem Sofa an und weckte meinen Glauben an weitere Tänze mit dem Leben, weitere aufregende Ereignisse …

ICH DANKE

Hans J. Ester für seine Freundschaft, seine Kritiken und Aufmunterungen.

Charles Linsmayer für seine Bemühungen um die Literatur der Schweiz im Allgemeinen. Aber besonders um die Meine.

Beatrice und Peter von Matt für ihre Begleitung durch alle Bücher.

Malcolm Pender für seine wohlgesonnenen Publikationen.

Richard Ruppel für die minutiöse Organisation meiner USA-Lesereisen. Mary Stuart und Linda Hess-Liechti für Ihre wichtigen Arbeiten.

Allen Veranstaltern von Lesungen und ihren vielen Helfern.

Den langjährigen Literaturfreunden Daniel Annen, Heinrich Boxler, Hansjörg Hefti.

Adriana Husy, der Ratgeberin, Alpinistin, Sängerin und Freundin. Meinen Verlegern: Peter Keckeis, Renate Nagel, Dirk Vaihinger, Oliver Kneidl und Peter Schulz

Meinem treuen Schriber-Fanclub, der mich mit seinem Jubel und Anwesenheit bei Lesungen überrascht.

Ein Denkmal dem Unbekannten mit dem Kürzel HB, der auf rätselhaftem Kanal alles über meine Arbeit und mich in Erfahrung bringt und mich mit seinen Bemerkungen überrascht. Mit Raffinesse stachelt er mich zu immer neuen, gewagteren und besser gestalteten Texten an. Mein Dank gilt der Standhaftigkeit, sein Geheimnis zu bewahren, meine nie nachlassende Neugier aber immer auf leiser Flamme zu köcheln und so meiner Lebens-und Abenteuerlust einen faszinierenden Raum zu bieten.

Vor allem aber danke ich jedem Einzelnen meiner Leser fürs Mitdenken, Mitbebildern, Mitfiebern und für die unterstützenden Briefe.

Schlussendlich bedanke ich mich beim Schicksal, weil Ypsilon eine so miserable Schützin war.

MARGRIT SCHRIBER

bereits erschienen:

Die Vielgeliebte meines Mannes

Glänzende Aussichten

Das zweitbeste Glück

Die hässlichste Frau der Welt

Die falsche Herrin

Das Lachen der Hexe

sowie weitere Bücher der Autorin
finden Sie unter

www.nagel-kimche.ch